KB276032

오늘부터
머니 챌린지!

돈은 모으고 싶지만
금융은 아리송한 10대라면
오늘부터 머니 챌린지!
김나영 지음
THE MONEY CHALLENGE
LEVEL 01
LEVEL 02
LEVEL 03
LEVEL 04
LEVEL 05
LEVEL 06
LEVEL 07
LEVEL 08
LEVEL 09
LEVEL 10
LEVEL 11

돈, 어떻게 하면 내 편으로 만들까?

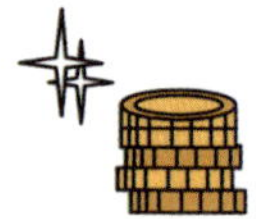

"도영아, 한번 해 볼래?"

친구 권유로 시작한 모바일 게임. 게임으로 돈을 딴 도영이는 여자 친구와 근사한 식당에 가고 멋진 선물도 사 줄 수 있었어요. 도영이는 서서히 돈이 걸린 게임에 빠져들었습니다. 평소 하던 모바일 게임과 비슷했고, 언제나 돈을 땄기에 위험성은 인식하지 못했죠. 그런데요, 돈이 걸린 게임은 '도박'입니다.

그러던 어느 날 화면에 '패배하셨습니다'라는 문구가 뜨고 돈을 잃기 시작했어요. 만회하려고 더 큰 돈을 걸었다가 빚까지 지고 말았죠. SNS에 그동안 샀던 비싼 물건들을 급히 처분한다고 올리고 알바도 구했습니다. 그래도 빚은 늘어만 갔어요. 도영이처럼 자신도 모르게 도박에 빠져드는 친구들이 꽤 많다고 해요.

친구가 권한다고 해서 나도 모르게 클릭하는 일은 없어야 할 겁니다. 도박은 나와 너무 먼 이야기라고 생각한다면, 이런 경우는 어떤가요?

용돈을 받아도 며칠 지나면 통장에서 다 빠져나가 버리고, 계획대로 쓰는 게 참 쉽지 않습니다. 좋아하는 아이돌 콘서트나 앨범 예약 판매 공지가 뜨면 당장 티켓이나 앨범을 사고 싶은데, 수중에 돈은 없고 SNS를 보니 대신 입금해 준다는 문구가 보입니다. 잠시 빌렸다가 갚으면 된다고 생각할 수 있는데요. 이렇게 빌려주는 돈은 엄청나게 높은 이자를 붙이는 불법 사금융입니다. 연 1,000%가 넘는 어마어마한 이자율을 적용하고 학교로 찾아와 빚을 갚으라고 재촉하기도 하죠.

평소에 즐겨 하는 게임을 하려고 접속하니 게임 아이템이 시간 한정 50% 할인 중입니다. 당장 포인트는 없지만, 50% 할인이면 지금 바로 '현질'하는 게 이득으로 느껴집니다. 나도 모르게 ○○ 페이로 결제! 사고 싶은 물건을 조금 싸게 구매하고 싶은 마음에 찾는 중고 거래 앱은 어떤가요? 매너 온도가 높은 이웃과 훈훈한 정을 나누며 거래해서 추억을 쌓기도 하지만, 사기 피해로 힘들어하는 청소년들도 꽤 많습니다. 우리는 일상의 금융 생활에서 어떤 점을 주의해야 할까요?

생활의 많은 부분이 경제와 연결돼 있고, 돈이 경제를 돌게 하죠. 2025 개정 교육과정에서는 성인이 되기 전, 실생활에서 꼭 필요한 금융 지식을 배울 수 있도록 '금융과 경제생활' 과목을 신설했습니다. 궁금한 게 있으면 챗GPT에게 물어보고 현금보다는 ○○ 페이가 편한 우리들. 디지털, AI 기술은 우리에게 편리함을 가져다주지만, 나도 모르는 사이 개인정보가 유출되기도 합니다. 어쩌다 보니 사기를 당하기도 하고, 범죄에 연루되는 경우까지 있죠. 이런 피해는 막고, 돈이 내 편이 될 수 있도록 해야 할 거예요.

어떻게 하면 용돈을 현명하게 쓰고, 모으고, 불릴까요? 청소년이 알바로 근로 계약을 맺을 때 유의할 점에는 어떤 게 있을까요? 나도 모르게 마케팅에 넘어가 충동적으로 소비하는 일을 줄이는 방법이 있을까요? 중고 거래를 할 때는 어떤 점을 주의해야 할까요? 대체 이자율이 뭐길래 주가나 자산 가격에 그렇게 많은 영향을 주는 걸까요? 환율은 뭐고, 주식과 채권 등 투자 금융상품들의 특징은 뭘까요?

이 책에는 청소년의 관심사와 눈높이에 맞춘 경제 금융 상식을 담았습니다. 사회 교사로 근무하며 만난 제자들과의 인터뷰, 토스 앱을 사용하는 10대를 대상으로 한 설문조사에서 많이 나온 질문을 재구성해서 레벨1부터 12까지 챕터를 구성했습니다. 금리, 환율 등 청소년들이 경제 흐름을 이해하는 데 꼭 필요한 개념을 설명하고, 다양한 사례도 추가했어요. 미션을 완수하며 레벨 업 하듯이 챕터가 끝날 때마다 점차 금융 지식을 쌓아 나갈 수 있을 거예요.

돈이 많으면 행복할까요? 그럴 수도 있고, 아닐 수도 있겠죠. 자본주의 사회에서 돈이 없으면 살아가기가 어려운 건 사실입니다. 돈이 최고의 가치는 아니나, 중요한 것임엔 틀림없습니다. 행복을 위한 필요조건인 돈. 돈의 흐름을 알고, 돈에 대한 올바른 가치관을 가질 때 돈은 내 편이 됩니다. 우리, 진짜 돈 공부를 시작해 볼까요?

2025. 6. 1

용산 서재에서 김나영

차례

돈 관리는 난생처음.

미성년자 탈출 전까지, 금융 상식 레벨 업에 도전합니다.

'돈에 관한 질문'의 답을 찾아 나가는

현실 반영 미션을 하나씩 수행하다 보면

어느새 돈을 보는 눈이 달라져 있을 거예요.

작고 소중한 내 용돈을 지키는 머니 챌린지,

지금부터 시작해 봐요!

오늘 쓴 떡볶이값 메모해야 부자 된다고요?

START

SUCCESS

용돈 모으는 6가지 방법 알아내기

안녕하세요. 앞으로 돈에 관한 고민을 함께 풀어 나가고, 미션 수행을 도울 나영 샘이에요. 오늘은 용돈을 아껴 보려고 해도 잘 안 돼서 걱정인 고1 현아가 사연을 보내왔어요.

이 답답함과 막막함에 다들 공감되죠?
우리 같이 해결해 볼까요? 😊

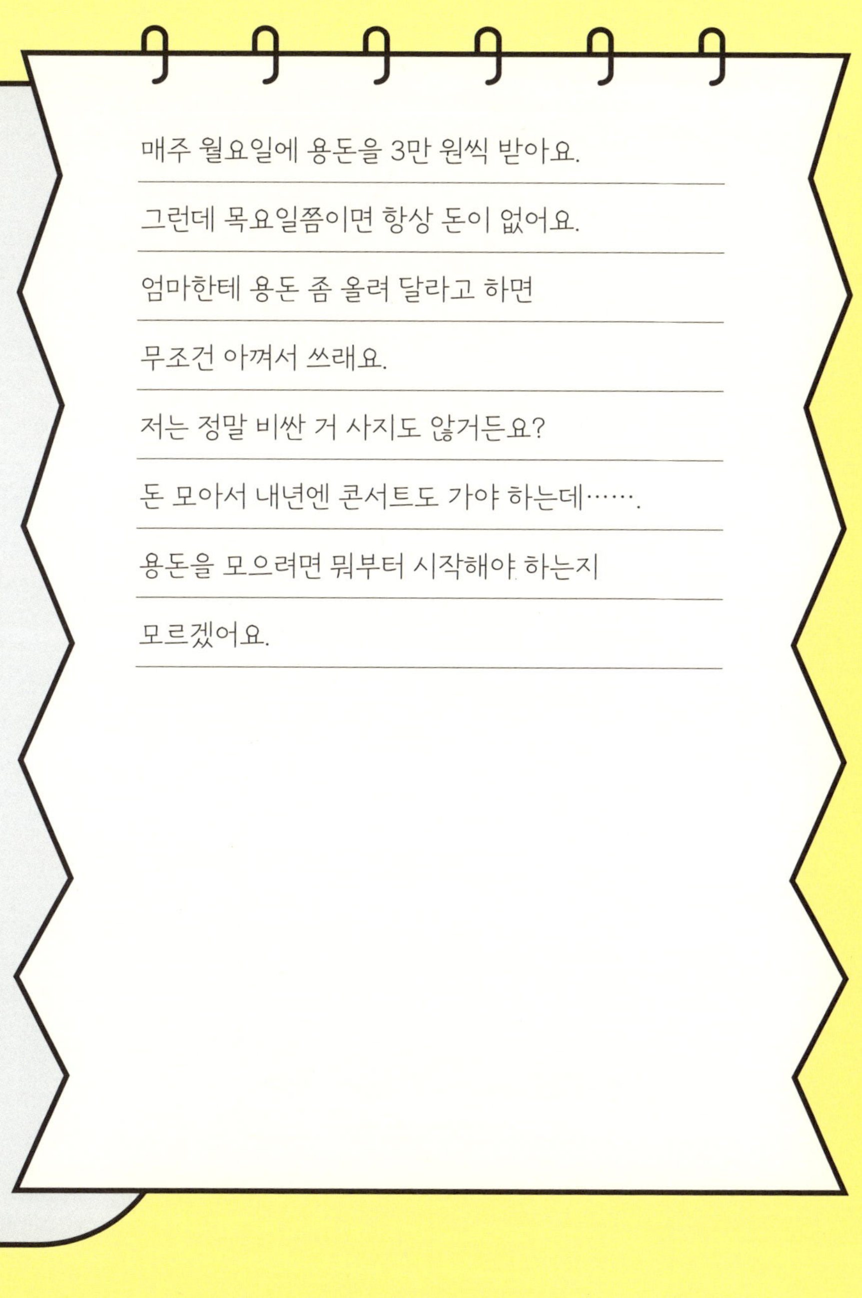
매주 월요일에 용돈을 3만 원씩 받아요.
그런데 목요일쯤이면 항상 돈이 없어요.
엄마한테 용돈 좀 올려 달라고 하면
무조건 아껴서 쓰래요.
저는 정말 비싼 거 사지도 않거든요?
돈 모아서 내년엔 콘서트도 가야 하는데…….
용돈을 모으려면 뭐부터 시작해야 하는지
모르겠어요.

현아에게 가장 먼저 제안한 방법은 '기록하기'예요. 너무 귀찮다며 울상이기에, 사용하는 체크카드 앱에서 용돈을 어디에 썼는지 메모만 하면 그게 기록이라고 알려 줬어요. 그리고 화면을 캡처해서 보내 달라고 요청했습니다. 일주일 후 현아는 이런 기록을 보내왔어요.

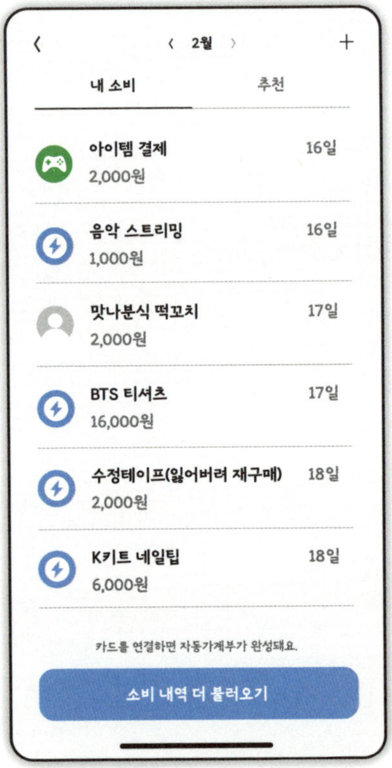

"소소하게 1,000원, 2,000원 썼을 뿐인데 또 목요일에 3,000원밖에 안 남아 버렸어요"라는 말과 함께요. 지금도 같은 고민을 하고 있을 현아와 친구들을 위해 일상적인 소비 습관으로 돈 관리를 시작하는 여섯 가지 방법을 준비했어요.

Q1. 소비 기록은 왜 하는 건가요?

돈을 쓸 때마다 매번 기록하기 귀찮은 마음 이해해요. 하지만 간단한 메모는 부자가 되기 위한 시작점이랍니다. 크게 쓰는 곳도 없는데 어느새 용돈이 사라져 아쉬워하는 현아와 비슷한 우리들의 모습이 있지 않나요?

저도 한동안 월급은 통장을 스칠 뿐이었어요. 대체 어디에 다 쓴 건가 싶어 기록을 시작했죠. 매일 한 잔씩 사 먹던 커피, 지각할까 봐 가끔 타던 택시……. 이렇게 사소한 돈이 모여 결국 100만 원, 200만 원도 되더라고요. 제가 신상 옷에 마음이 잘 흔들린다는 것도 깨달았고요.

딱 3주 정도 기록해 보면, 내 소비 습관을 알 수 있어요. 바로 이 스스로 돌아봄이 돈 모으기의 첫걸음이에요! 손으로 일일이 쓰는 게 번거롭다면 용돈 관리 앱이나 체크카드와 연동된 금융 앱을 활용하세요. 한번 연동해 두면 결제한 내역마다 메모를 추가할 수 있으니까요. 그렇게 간편하게 기록을 남겨 보세요. 점검 없는 계획은 아무런 힘이 없답니다.

Q2. 용돈은 어떻게 받는 게 좋은가요?

현아의 용돈이 정말 적어서 늘 부족한 걸까요? 2024년 토스가 10대를 대상으로 운영하는 머니스터디카페에서 청소년 2,500명에게 조사한 바에 따르면, 고등학교 1학년 학생들의 한 달 평균 용돈은 10만 원이래요. 현아는 한 달에 12만 원을 받는 셈이니 평균보다 높네요.

하지만 무조건 또래의 평균 용돈에 맞출 필요는 없어요. 집의 상황마다, 나에게 필요한 항목마다 다를 테니까요. 먼저 교통비나 학교 준비물처럼 내가 꼭 써야 하는 돈이 얼마나 되는지, 그중 용돈으로 쓸 항목은 어떤 것들인지 살펴보세요. 그러고 나서 부모님과 용돈 액수를 상의하는 게 좋아요.

용돈으로 어느 항목까지 지출할 것인지 부모님과 잘 협의해 보세요. 만약 학원 교재비 같은 것까지 모두 용돈에서 지출하기로 한다면 또래 평균보다 더 많이 받아야 하겠죠? 또 용돈을 받는 주기도 정해야 해요. 돈 관리가 힘들다면 주 단위로 받는 걸 추천합니다.

용돈으로 지출할 항목, 액수, 용돈을 받는 일정 등을 정했다면, 아래 예시처럼 부모님과 '용돈 계약서'를 작성해 보세요. 이때 '용돈을 다 써도 더 달라고 하거나, 다음번 용돈을 미리 달라고 하지 않기' 원칙은 꼭 넣기를 권해요. 정해 둔 기간에 예산을 쓰는 것이 돈 관리 시작의 핵심이거든요. 만약 돈이 더 필요한 사정이 생긴다면 집안일을 돕고 추가 용돈을 받거나 알바 등을

용돈 계약서(예시)

김가연(이하 '갑')과 이현아(이하 '을')는 다음과 같이 용돈 계약을 체결한다.

제1조. 갑은 매주 월요일에 용돈 0000원을 지급하며,
　　　갑이 지급하지 않는 경우 을은 갑에게 지급을 요구할 수 있다.

제2조. 을은 용돈을 받으면 10% 이상 저축한다.

제3조. 을은 기간 내 용돈이 모자라더라도 갑에게 다음 용돈을 미리 지급
　　　요청하지 않는다.

김가연 (서명)
이현아 (서명)

내 인생 최초의 계약서는 용돈 계약서 어때요?

활용할 수 있을 거예요.

쓰고 남는 돈을 모으려고 하면 평생 모을 수 없을지도 몰라요. '먼저 떼어 두기'가 비법입니다. 용돈을 얼마나 받으면 돈을 모을 수 있을까요? 적게 받아도 저축하는 사람이 있고, 많이 받아도 다 써 버리는 사람이 있죠.

먼저 목표를 정하세요. 6개월 뒤 3만 원이 필요하다면? 그때 갑자기 3만 원을 쓰려면 부담스럽지만 한 달에 5,000원씩 미리 떼어 두는 건 조금 더 쉽잖아요. 좋아하는 아이돌의 콘서트가 12만 원이라서 너무 비싸면, 내년에 가기로 마음먹고 지금부터 매월 1만 원씩만 떼어 두세요.

혹시 '오디세우스'라는 이름을 들어 봤나요? 호메로스의 서사시에 나오는 인물인데요. 그는 바닷길을 지날 때 세이렌의 노래가 들리면 자기도 모르게 바다로 뛰어들어 죽게 된다는 걸 알고, 미리 자신의 몸을 돛대에 묶어 둡니다. 스스로 통제할 수 없는 상황을 대비한 거죠. 돈을 모으고 싶다면 오디세우스처럼 돈이 새어 나갈지 모르는 상황을 사전에 방지해야 해요.

돈을 지갑이나 통장에 그냥 넣어 두면 써 버릴 확률이 높겠죠? 모으기로 한 돈은 정기적금 등으로 자동이체를 신청해 두세요. 시간이 지나 결심이 조금 느슨해져도 자동이체가 실천을 도와줄 거예요.

목적에 따라 각기 다른 '심리 계좌'를 이용하세요. 목표에 따라 쓸 돈을 나눠 본 적 있나요? 6개월 뒤 콘서트에 가려고 모으는 건 단기 목적 자금, 성인이 되면 해외여행 갈 돈을 모으거나 결혼 자금을 모으는 일 등은 중장기 목적 자금으로 볼 수 있어요. 이렇게 '쓰려는 곳'에 따라 적금 통장을 따로 만드세요.

어차피 돈에 이름이 붙는 것도 아닌데, 한 통장에 넣어 둬도 상관없지 않냐고요? 그런데 정말 신기하게도 사람들의 행동을 관찰하면 결혼 자금 통장으로 모은 돈은 여행 자금으로 잘 쓰지 않는대요.

《넛지》라는 책으로 유명한 리처드 탈러 시카고대학교 교수는 이런 마음을 심리 계좌(mental accounting)라고 불렀어요. 어떻게 보면 비합리적으로 보이는 이런 마음이 오히려 돈을 모으는 데 도움을 줄 수 있다고 합니다. 사용처에 따라 돈을 나눠 두고 그곳에 모인 돈은 미리 정한 목적대로 쓰는 것, 잊지 마세요.

생활비 통장
여행 통장
알바비 통장
저축 통장

항목별 상한선을 정해 보세요. 저마다 소비의 유혹을 떨치기 어려운 특정 항목이 있는 것 같아요. 좋아하는 마음은 어쩔 수 없죠. 현아는 옷이나 잡화에 소비가 많아 보이는데, 저도 그래요. 어떤 사람은 게임이나 웹툰 등에 지출이 많고요. 이럴 땐 항목별로 '이번 주 혹은 이번 달에 최대로 쓸 돈'을 정해 두는 게 좋습니다. "매주 웹툰에 3,000원 이상 쓰지 않겠어"라고 정하는 거죠.

만약 "한 달에 게임 아이템 구입은 1만 원까지만"이라고 정했는데 오늘 9,900원을 썼다면? 이번 달에는 더 이상 게임에 쓸 돈이 없는 거예요. 이때 다른 항목으로 나눠 둔 돈을 끌어다 쓰면 안 됩니다. 항목별 금액을 지켜야 심리 계좌를 활용한 지출 통제에 성공하는 거예요. 쓸 때마다 기록해 둬야 항목별로 얼마나 썼는지 점검할 수 있겠죠?

저는 쇼핑몰 푸시 알림과 마케팅 메시지부터 차단했어요. 요즘은 모자 하나 사려고 검색하면 그때부터 기사를 보든 SNS를 하든 모자 광고가 나를 따라다니죠? 내가 뭘 검색했는지, 무엇을 클릭했는지, 거기서 머물렀던 시간이 얼마나 되는지에 대한 데이터가 수집돼서 그래요. 관심사에 맞는 다양한 상품을 제시해 주는 좋은 점도 있지만, 필요하지 않은 물건을 구입하는 경우도 늘어나죠. 가격이 비싸지 않다는 이유로 결제 버튼을 누르다 보면 또 그 금액이 쌓여 커지고요.

저도 소비 절제 프로젝트를 해 봤는데요. 가장 먼저 온라인 쇼핑몰의 푸시 알림이나 마케팅 메시지 수신을 설정에서 껐어요. 그랬더니 쇼핑 욕구를 불러일으키는 상품이 눈에 띄는 것도 적어지고, 결제 횟수도 줄었답니다.

사고 싶은 건 장바구니에 담아 두고 며칠 지난 뒤 결제하는 원칙도 세웠어요. 하룻밤 지나면 사고 싶은 마음이 사라질 때도 많거든요. 이렇게 지름신에 지지 않는 환경을 만들어 나가는 것부터 시작해 봐요!

용돈 모으는
여섯 가지 방법을 알게 됐다면?
오늘의 미션 완료!
축하합니다.

개인정보 털리면 어떻게 되는데요?

START

THE MONEY CHALLENGE

LEVEL
02

SUCCESS

디지털 금융 생활에서 조심해야 할 점 알아보기

이번에는 지우의 이야기를 살펴볼게요. 지우는 좋아하는 K-POP 그룹의 새 앨범을 사고 싶은데, 용돈이 부족하다고 합니다. SNS에 '대리 입금'이라는 서비스 안내를 보고 이용해도 될지 물어 왔어요.

여러분은 어떻게 생각하세요? 😊

제가 좋아하는 K-POP 그룹의 새 앨범 예약 판매 알림이 떴어요. 앨범마다 들어 있는 포토 카드가 달라서 최애 포토 카드를 얻으려면 여러 장 사야 하는데, 그럼 적어도 8만 원이 필요해요. 제 통장에는 달랑 540원뿐이고요. 친한 친구에게 돈을 빌려 볼까 했지만 그것도 여의치 않더라고요. 그런데 SNS에서 대리 입금이라는 문구가 눈에 띄었어요. 제가 원하는 걸 주문하고 계좌번호를 알려 주면 저 대신 입금해 준다는 거예요. 일주일 후에 갚으면 되고 수고비를 조금 받는다는데, 이용해도 괜찮을까요?

요즘 SNS에 '댈입', 대리 입금이라는 문구가 심심치 않게 보인다고 해요. 사고 싶은 게 있어 급하게 돈이 필요할 때 잠시 돈을 빌려준다는 건데, 이런 식으로 돈을 빌리는 건 엄청 위험한 일이에요. 지우에게 대리 입금과 관련한 대표적인 피해 사례를 알려 줬답니다. 이외에도 디지털 금융 사기의 사례와 조심해야 하는 상황들을 알아볼까요?

Q1. 개인정보가 뭐길래 그렇게 중요한가요?

개인정보는 개인의 신체, 재산, 사회적 지위, 신분 등에 관해 알 수 있는 모든 정보를 말해요. 이름과 주민등록번호를 비롯해 주소, 전화번호, 계좌번호, 사이트에 등록된 ID와 비밀번호, 신용카드 번호, 가족 관계, 친구 관계, 직업, 소득, 재산, 은행거래 내역, 지문, DNA, 위치 정보 등 개인에 관한 모든 정보가 포함됩니다.

개인정보는 소중하게 보호돼야 해요. 누군가 나의 계좌번호와 비밀번호를 알면 거래 은행에서 내가 예금한 돈을 빼 갈 수 있을 거예요. 또 누군가 나의 주민등록번호와 신용카드 번호 등을 알고 있으면, 이를 이용해서 상품을 구매할 수도 있고요.

이처럼 개인정보가 유출되면 경제적인 피해를 입을 수 있죠.

내가 어디에 살고, 어떤 직업을 가졌는지, 소득이 얼마인지 등의 정보도 다른 정보와 결합해 범죄에 이용될 수 있습니다. 예컨대 나에 대해 잘 알면 돈이 부족한 시점도 알 수 있겠죠. 이때 대출을 해 주겠다고 누군가 접근하면 빠져들기 쉬울 거예요.

요즘은 모바일이나 PC로 금융거래를 많이 하는데, 이때 계좌번호나 신용카드 번호 등이 유출되지 않도록 주의해야 해요. 신뢰할 수 없는 웹사이트에는 가입을 삼가고, 백신 프로그램을 설치해 주기적으로 바이러스 검사를 하는 게 좋아요. 비밀번호도 주기적으로 바꿔야 하고요.

자신의 개인정보뿐 아니라 다른 사람의 개인정보도 소중하게 보호해 줘야 합니다. 그런데 다른 사람의 정보를 자신의 SNS에 올리는 경우를 종종 접하기도 해요.

이렇게 타인의 정보를 인터넷에 올리거나 다른 사람들과 공유하는 것도 개인정보 유출이에요. 사생활을 침해하는 일이거든요. 누군가가 이런 정보를 보고 범죄에 이용할 수도 있고요. 나의 개인정보와 다른 사람의 개인정보 모두 소중하다는 사실, 잊지 말기로 해요.

Q2. 대리 입금, 왜 위험한가요?

사고 싶은 물건이 있는데 돈이 부족했던 경우가 있을 거예요. 이럴 때 대리 입금을 이용하면 편리할 것 같지만 위험한 선택입니다. 지우와 비슷한 상황에서 대리 입금 업자에게 돈을 빌렸던 고교생 A의 사례가 뉴스에 나왔어요. K-POP 그룹의 팬이었던 A는 콘서트 티켓 예매에 성공했어요. 바로 입금해야 했지만, 용돈이 부족했죠. 그러던 중 SNS에서 대리로 입금해 준다는 내용을 보게 됐어요.

A는 티켓 가격 10만 원에 대한 대리 입금을 부탁했어요. 일주일 후 수고비를 포함해서 12만 원을 갚기로 하고요. 최애 포토

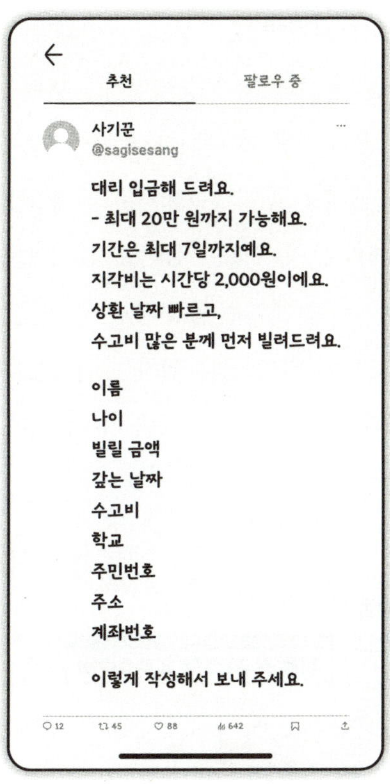

카드를 손에 넣은 기쁨! 이루 말할 수 없었다네요. 그런데 일주일 후부터 언제 돈을 갚겠냐고 문자가 오기 시작했습니다. 지각비가 시간당 2,000원이라고 하면서요. '2,000원이면 뭐 별거 아니네'라고 생각했는데, 한 달 후 100만 원이 넘는 돈을 요구해 왔대요.

　　대리 입금에서 지각비라고 불리는 연체료가 보통 시간당 2,000원 내외라고 하는데, 적은 금액처럼 느껴져 그 위험성을 간과하기 쉽습니다. 하지만 연 이자율로 환산하면 1,000%가 넘는 이자가 붙는 셈이에요. 우리나라에서는 현재 이자율이 연 24%를 넘으면 안 된다고 정해 놓고 있어요. 대리 입금으로 높은 연체료를 요구하는 건 엄연한 불법 고금리 사금융입니다.

　　A가 돈을 빌릴 때 대리 입금 업자는 학생증과 전화번호, 집 주소를 요구했다고 해요. 일주일 후부터 이를 이용해서 집으로

찾아가겠다, 신상 정보를 인터넷에 퍼뜨리겠다, 사기죄로 고소한다며 협박했고요. 이런 행위는 현행법에서 금지하는 불법 추심에 해당합니다. 이럴 때 스스로 해결하려고 하면 안 됩니다. 부모님과 선생님, 학교 전담 경찰관에게 도움을 구하거나 금융감독원 신고센터 1332로 전화해서 상담 받으세요.

소중한 개인정보를 무턱대고 알리면 도용당할 수 있어요. 중학교 3학년 B는 얼마 전 SNS에서 부모님 신분증 사진과 핸드폰 번호를 보내면 돈을 빌려준다는 광고를 봤어요.

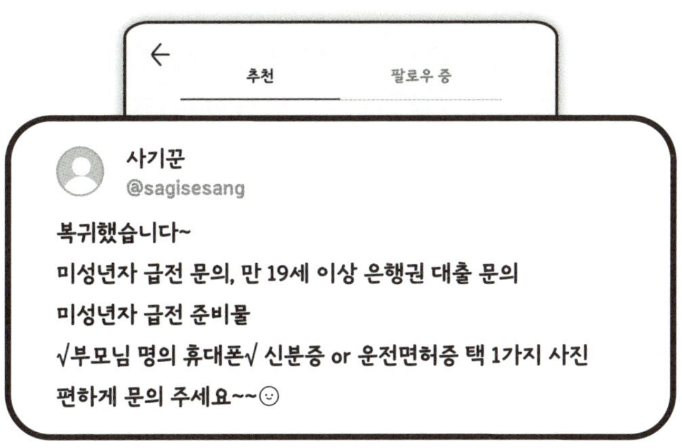

B는 고가의 패딩을 사고 싶어 어머니 신분증 사진과 핸드폰 번호를 보내고 100만 원을 빌렸어요. 그런데 돈을 빌려주겠다던 곳에서 B에게 보낸 돈은 B의 어머니 계좌에서 빼낸 것이었습니다. 더 나아가 사기범 일당들은 어머니 계좌에 있는 금액 모두를 챙겼다고 해요. 부모님의 신분증이나 핸드폰 번호 등의 개인정보가 유출되면 이를 이용해서 거액의 금액을 빼낼 수 있을 뿐 아니라 범죄에도 악용될 수 있어 매우 위험합니다.

간혹 전화로 검찰, 금융감독원 등 공공기관에서 연락한다며 '당신이 사기 사건에 연루됐다. 당신의 통장이 대포 통장으로 쓰이고 있으니 수사에 협조해 달라'고 하는 경우가 있어요. 계좌번호, 보안 카드 번호, 비밀번호 등을 알려 달라고 하면서요. 나에게 걸려 오는 번호도 진짜 공공기관 번호로 보이게 하고, 가짜 범죄 조회 사이트를 만들어 내 이름과 주민등록번호까지 검색되게 하기도 하고요. 공공기관에서는 절대로 전화로 개인정보를 묻지 않습니다. 잘 기억해 두고 소중한 개인정보를 지켜야겠죠?

Q4. 친구라도 핸드폰을 빌려주지 말라고요?

고교생 C는 이달 통신 요금을 보고 깜짝 놀랐어요. 자신이 사용하지 않은 소액 결제 내역이 5만 원이나 있었거든요. 사용했는데 기억을 못 하나 싶어 통신사에 알아봤는데 결제가 된 곳은 처음 들어 보는 이름이었어요. 결제된 시각과 통신 이용 기록을 찾고 기억을 더듬어 봤더니, 친구가 급히 핸드폰을 쓸 일이 있다며 빌려 갔을 때 결제된 거였습니다.

C의 친구 D가 온라인 몰에서 상품을 구매하며 구매자로 C의 이름과 핸드폰 번호를 적은 뒤 결제 수단을 소액 결제로 선택했던 거죠. 이때 본인의 번호가 맞는지 문자를 보내 인증하는 절차가 있는데, D는 C에게 핸드폰을 빌려 C의 핸드폰에 문자로 온 인증 번호를 이용해 구매한 거였어요.

누군가가 핸드폰을 빌려 달라고 요청한다면 가능한 한 거절하는 게 이런 일을 방지하는 방법입니다. 그렇지만 친구가 급하다고 하는데 빌려주지 않는 건 쉽지 않을 거예요. 부득이 빌려주게 된다면, 내가 보는 앞에서 사용할 수 있도록 이야기하세요. 좋은 친구라도 간혹 충동적으로 사고 싶은 게 있을 때 절제가 힘들어 이런 일이 벌어질 수도 있으니까요. 조심하는 게 좋겠죠? 평소 핸드폰 소액 결제를 잘 이용하지 않는다면 통신사를 통해 소액 결제 서비스를 차단해 두는 것도 좋습니다.

중학생 E의 어머니는 딸의 카톡 계정으로 "엄마, 나 휴대폰 액정이 깨졌어"라는 연락을 받았어요. 카톡 프로필도 딸의 사진 그대로였기에 전혀 의심하지 않았죠. 이어서 "휴대폰 보험을 신청하려고 하는데, 엄마 명의로 보험 신청 좀 해 줘"라며 URL 링크가 도착했어요.

E의 어머니가 이 링크를 클릭하자 핸드폰에 원격 조종 앱이 설치됐고, 안내에 따라 신분증을 찍고 은행 계좌번호와 비밀번호를 입력했다고 해요. 딸 사진의 프로필을 보며 당연히 딸이라고 생각하고 안내에 따른 건데, 잠시 후 E의 어머니 은행 계좌에서 2억 원이 넘는 돈이 인출되고 말았습니다. 사기범들이 원격 조종 앱을 이용해서 E의 어머니 핸드폰에 설치된 은행 앱에 접속해 잔액을 모두 빼 간 거였어요.

이렇게 메신저 앱을 통해 가족이나 지인이라고 하면서 금전이나 상품권, 개인정보와 금융거래 정보 등을 요구하는 걸 '메신

저 피싱'이라고 해요. 보통 메신저에 등록된 지인의 계정과 똑같아 보이게 연출해서 메시지를 보낸다고 하네요. 가족이나 지인이 송금을 요구해도, 반드시 당사자에게 전화를 걸어 확인해야 합니다.

간혹 주문하지 않은 물건의 택배가 왔다고 핸드폰 문자가 올 때가 있지 않나요? 선물이 왔다는 메시지가 오기도 하고요. 배송 주소를 확인해 달라는 URL이 포함돼 있는 경우도 있는데, 확실한 곳이 아니면 URL을 누르지 마세요.

'[○○ 배송 센터] 이름과 주소가 맞지 않아 변경 후 상품 배송, 확인 요망'이라는 문자를 받고 무심코 아래 적힌 URL을 눌렀다가 피해가 발생한 사례가 보도된 적이 있었어요. 사례자는 뭔가 이상하다고 느껴 화면을 얼른 닫고 경찰에 신고했지만, 이미 핸드폰에 악성 코드가 설치돼 소액 결제가 됐다고 해요.

[Web발신]
[○○ 배송 센터] 고객님 이름과 주소가 맞지 않아 변경 후 상품 배송, 확인 요망

www.uipkh@@.co.kr

악성 코드가 설치되면 포털에서 은행 등 금융기관을 검색할 때 가짜 은행 사이트로 연결될 수 있어요. 이 경우 평상시 이용하던 은행 사이트와 거의 비슷해서 구분하기가 힘들다고 하네요. 택배뿐 아니라 할인 쿠폰이나 청첩장 등도 스미싱(smishing)으로 이용되는 경우가 많아요.

스미싱은 문자 메시지(SMS)와 피싱(Phishing, private data+fishing)의 합성어로, 문자 메시지로 개인정보를 낚는다는 의미입니다. 출처가 확실하지 않은 URL은 누르지 마세요. 또 스마트폰 설정에서 보안 설정을 강화하고, 백신 프로그램도 설치해 두시고요!

Q7. 피싱 모의 체험을 할 수 있다고요?

무엇을 주의해야 하는지 이제 알게 됐지만 막상 내게 피싱 메시지가 오면 당황할 수도 있겠죠? 피싱 모의 체험을 해 보고, 실전에서 똑똑하게 대처합시다.

경북경찰청 피싱 모의 체험관 

마지막으로, 우리가 디지털 금융을 이용하며 기억해야 할 사항을 한 번 더 짚고 넘어가기로 해요.

☑ 대리 입금, 부모론은 불법 사금융이다.

☑ 메신저에서 가족이 돈을 보내라고 하면, 직접 통화해서 확인하자.

☑ 공공기관에서는 전화로 개인정보를 묻지 않는다.

☑ 출처가 불명확한 인터넷 주소(URL)는 클릭 금지!

☑ 스마트폰 보안 설정 강화, 백신 프로그램 설치 및 업데이트!

☑ 불법 사금융, 금융 사기 피해 신고: 1332로!

디지털 금융에서 조심해야 할
상황들을 알게 됐다면?
오늘의 미션 완료!
축하합니다.

가진 돈은 너무 작고 소중한데 큰돈 모으고 싶을 때

START

SUCCESS

용돈은 너무 조금이지만, 어느새 큰돈 모으는 방법 알아내기

낭비하는 것도 아닌데 용돈이 안 모여 고민하던 현아의 근황, 궁금하지 않나요? 최근에는 돈을 어디에 쓰는지 기록하며 나름의 관리를 시작했대요. 엄마가 만들어 주신 통장 말고, 콘서트 티켓값 모으는 적금 통장도 직접 만들 생각이라고 하고요. 그런데 이번엔 예금과 적금 중에 뭘 들어야 할지 헷갈린다는데, 여러분도 그런가요? ☺

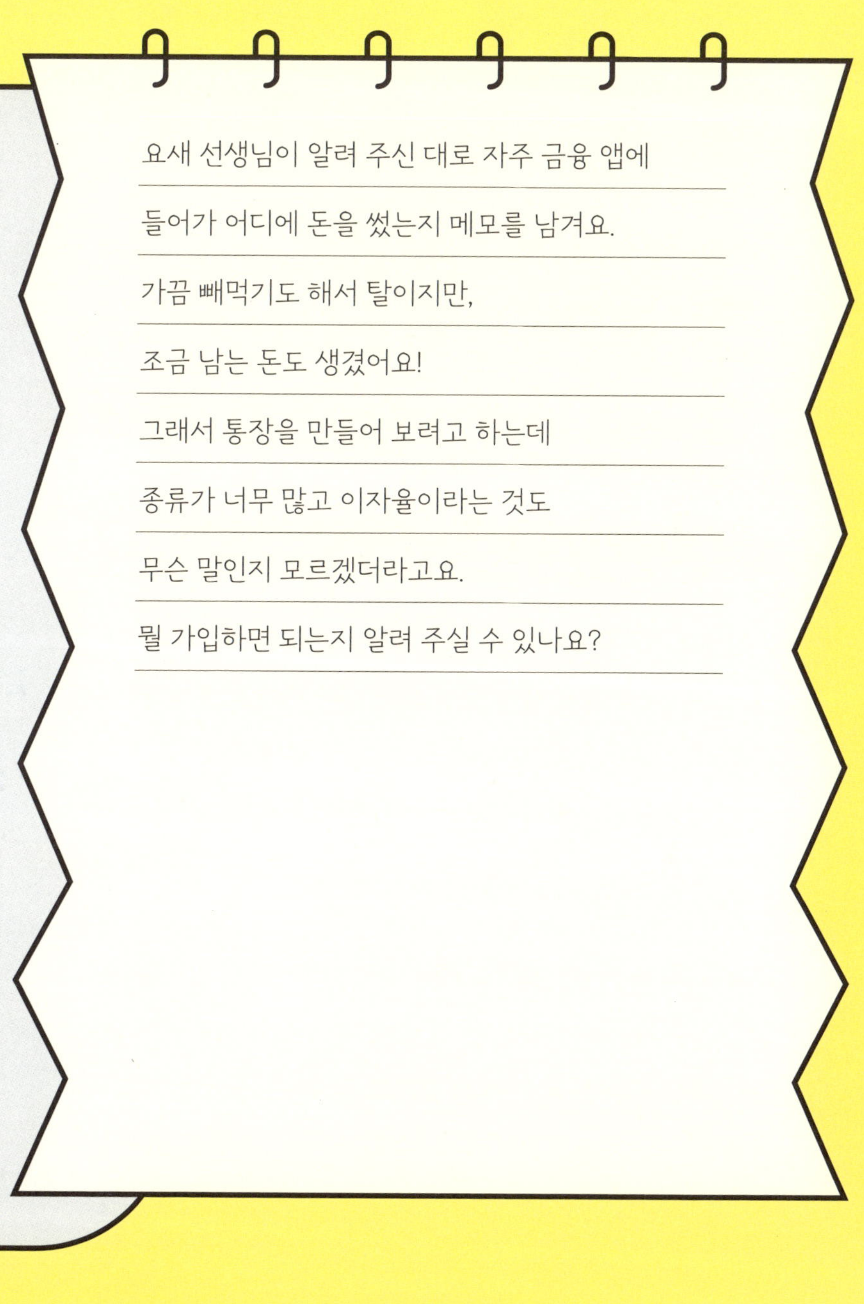

요새 선생님이 알려 주신 대로 자주 금융 앱에
들어가 어디에 돈을 썼는지 메모를 남겨요.
가끔 빼먹기도 해서 탈이지만,
조금 남는 돈도 생겼어요!
그래서 통장을 만들어 보려고 하는데
종류가 너무 많고 이자율이라는 것도
무슨 말인지 모르겠더라고요.
뭘 가입하면 되는지 알려 주실 수 있나요?

여러분, 모른 채 넘어가기엔 너무 아까운 돈 모으기 방법이 있어요.

방법1. 매달 일정액을 넣는 정기적금

방법2. 목돈을 넣어 두는 정기예금

현아의 궁금증을 따라 방법 1과 2의 차이를 지금 확인해 봅시다!

Q1. 적금이랑 예금 중에 뭘 가입해야 되나요?

적금과 예금의 공통점은 ①내 지갑에 돈을 넣어 두면 써 버리기 쉬우니 나중에 쓸 수 있도록 따로 떼어 두기 위해서, ②서랍 안에 돈을 넣어 두면 전혀 불어나지 않고 넣어 둔 돈 그대로니까, 은행에 맡기고 이자를 받아 돈을 불리기 위해서 가입한다는 점이에요.

차이점이 있다면 돈을 여러 번에 걸쳐 넣느냐, 한 번에 넣느냐죠. 매월 용돈 1만 원씩을 떼어서 통장에 모으고 싶다면 적금을, 세뱃돈처럼 큰돈을 받아 한 번에 넣어 두고 싶다면 예금을 들면 돼요. 그래서 적금=목돈 모으기, 예금=목돈 굴리기라고도 표현합니다.

적금이나 예금도 쇼핑할 때처럼 원할 때 금융 앱에 들어가서 마음에 드는 조건의 상품을 고르면 돼요. 옷을 고를 때 소재, 사이즈, 컬러 등을 꼼꼼히 확인하는 것처럼 내게 필요한 것을 잘 고르려면 금융 상품의 용어도 알아야겠죠?

적금, 예금 앞에 붙는 '정기'는 일정한 돈을 약속한 기간 동안 규칙적으로 넣거나 맡겨 둔다는 뜻이에요. 이 기간을 다 채우는 것을 '만기'라고 부르고요. '정기적금 1년 만기 시 이자율 3%'는 매월 약속한 만큼의 돈을 1년 동안 꼬박꼬박 넣으면 은행이 원금(내가 모은 돈)의 이자로 3%를 더해서 돌려준다는 의미예요. 이때 3%를 1년마다 붙는 이자의 비율이라는 의미로 '연이율'이라고 부릅니다.

연이율 3%로 모은 돈이 100만 원일 때, 1년 후 붙는 이자는 3만 원이겠죠? 이건 돈을 한 번에 넣어 둔 예금일 때 이야기예요. 적금일 때 이자 계산하는 법은 52쪽에서 자세히 알아봅시다.

은행도 다른 회사들처럼 돈을 벌어야 굴러가는 금융회사예요. 그래서 앞서 말한 것처럼 적금, 예금 등 다양한 금융 상품을 팔죠. 우리는 원하는 혜택을 받기 위해 그 상품을 이용하고요.

은행을 찾는 사람은 두 가지 경우로 나뉘어요. 내 돈을 은행에 빌려주고 대신 약속한 기간이 지나면 이자를 받는 사람, 은행에서 돈을 빌리고 대신 약속한 만큼 이자를 내는 사람. 지금은 전자였다가 돈이 더 필요할 때 후자가 되는 경우도 많죠.

우리가 예금, 적금을 통해 은행에 돈을 맡기면 은행은 그 돈을 그대로 보관하지 않아요. 일부만 남기고 대출해 주는 데 쓰거나 투자합니다. 예금한 사람들은 보통 만기를 정해 두고 언제 다시 찾으러 오겠다고 날짜를 정해 두잖아요. 그러니까 은행도 고객이 맡긴 돈을 어디에 얼마 동안 쓰겠다고 판단할 수 있는 거랍니다.

대출을 해 주면 돈을 빌려 간 사람들에게서 은행도 이자를 받아요. 이때 적용하는 이자율을 대출금리라고 하는데, 대출금리는 보통 예금금리보다 높아요. 우리가 100만 원을 은행에 맡기고 받는 이자(예금금리)보다 은행에서 100만 원을 빌릴 때 내는 이자(대출금리)가 더 높으니까 은행도 수익을 남길 수 있죠.

'자동이체 우대 이율 0.5%'는 은행에 자동이체를 신청한 사람에게 주는 혜택을 가리켜요. 내 입출금 통장에서 정해진 날짜에 약속한 돈이 적금 통장으로 이체되도록 등록해 두면 내가 적금 통장에 돈 넣는 것을 깜빡해도 자동으로 돈이 들어가거든요. 미리 그렇게 설정해 두면 이자를 0.5% 더 준다는 혜택이에요.

은행에서는 정기적인 입금을 보장받고자 자동이체 외에도 다양한 조건을 마련해 우대 이율을 주겠다고 제안하죠. 월급 계좌로 쓰기, 핸드폰 요금 자동 납부 연결하기처럼요. 요즘은 나만의 캐릭터 키우기, 걸음 수 1만 보 채우기처럼 재밌는 조건의 상품들도 있으니 마음에 드는 걸 찾아보세요.

적금이나 예금처럼 저축을 목적으로 하는 저축성 예금에 가입할 때 똑같은 상품이어도 6개월보다 1년이, 1년보다 3년이 더 높은 이자율을 제공하는 경우가 많죠. 은행으로서는 우리가 돈을 오래 맡기겠다고 약속할수록 그 돈을 다른 곳에 투자하거나 대출해 주기 좋을 테니까요.

그렇지만 우리는 '돈을 언제 어떻게 쓸지, 얼마나 모을지' 생각해 보고 적금이나 예금의 기간을 정해야 해요. 만약 이번 달부터 매달 2만 원씩 모아서 내년에 최애 아이돌 콘서트에 갈 계획이라면? 3년 이자율이 아무리 탐나도 1년 뒤에 만기가 되도록 해야 하는 것처럼요.

고등학교 진학을 축하한다고 친척들에게 평소보다 많은 돈을 받았는데 이 돈을 고등학교 졸업하고 배낭여행에 쓰고 싶다면? 3년 뒤 만기가 돌아오는 정기예금에 넣으면 되겠죠.

매월은 아니고, 그렇다고 한꺼번에 맡기는 것도 아닌, 가끔 생기는 돈을 따로 모아 두고 싶다면? 일정 기간마다 돈을 입금하는 정기적금 말고 내가 원할 때 원하는 만큼 넣을 수 있는 자유적립식 적금 통장을 만들면 돼요.

Q6. 일정한 기간을 채우는 게
     부담스러울 때는 어쩌죠?

두 가지를 기억하세요. 첫 번째는 정기적금, 정기예금을 들었다가 중도에 해지하면 약속한 이자를 다 받을 수 없다는 점이에요. 은행은 약속한 기간을 다 채워야 우리에게 이자를 지급한답니다.

흔히 어른들이 "급하게 돈 쓸 일이 생겨서 적금을 깼다"라고 표현하잖아요. 그러면 연이율 3%짜리 적금이었어도 중도 해지 이율 1%만 주는 경우가 많아요. 이 불편함을 해소하기 위해 중도에 한 번만 돈을 일부 빼게 해 준다거나, 무제한으로 여러 번 뺄 수 있는 예금·적금 상품도 있습니다.

두 번째는 돈이 생길 때마다 무조건 예금·적금을 들어야 하는 건 아니고, 자유 입출금 통장을 이용해도 된다는 거예요. 용돈을 현금이 아니라 은행 계좌로 받는 친구들도 있죠? 바로 그 계좌가 자유 입출금 통장일 확률이 높아요. 은행 용어로는 요구불 예금 통장이라고도 하는데, 언제든 돈을 찾거나 넣을 수 있는 통장이에요. 수시 입출금 예금 통장이라고도 부르죠.

수시로 돈을 계좌로 받을 수 있어야 하고, 또 ○○ 페이 등에 연결해서 돈이 빠져나갈 수도 있어야 하니까 이런 통장은 일상생활에 꼭 필요하겠네요. 예금, 적금만큼은 아니어도 약간의 이자율은 제공하기 때문에 가진 돈을 지갑에 넣어 두는 것보다는 자유 입출금 계좌를 이용하는 게 이득이기도 해요. 언제든 넣고 뺄 수 있으면서 이자도 받으려는 목적일 때 '파킹 통장'이라고도 부른답니다.

새로 예금이나 적금을 들 때는 내가 거래하는 은행의 편리함, 흥미나 호감도 등 여러 가지를 고려하겠지만 기왕이면 이자를 많이 주는 상품에 가입하고 싶죠. 이럴 때 정보를 찾을 수 있는 비교 서비스들이 있는데요, 그중 한 곳을 소개할게요.

금융감독원 홈페이지에서 '금융상품한눈에' 페이지에 방문하면 여러 은행의 예금 이자율을 비교해 볼 수 있어요. 예금이나 적금으로 넣고 싶은 금액, 기간 등 나의 조건을 입력하면 만기 때 받을 수 있는 이자까지 함께 확인할 수 있답니다. QR 코드로 접속해서 직접 비교해 보세요!

금융감독원 금융상품한눈에 

똑같은 원금에 똑같은 이자율이어도 이자로 받을 수 있는 돈은 달라요. 이자율은 평잔액, 즉 기간 내에 계좌에 남아 있던 금액의 평균에 적용되기 때문이에요. 만기 때 찾을 금액이 120만 원인 경우, 한 번에 돈을 맡기는 예금이라면 1월부터 12월까지 계좌에 언제나 120만 원이 남아 있었던 거죠? 그러니까 120만 원에 대해 12개월 치 이자를 받을 수 있어요.

하지만 적금이라면 1월에는 10만 원, 2월에는 20만 원…… 12월에는 120만 원이 계좌에 남아 있었던 거니까 1월에는 10만 원에 대한 이자를, 2월에는 20만 원에 대한 이자를, 12월에는 120만 원에 대한 이자를 받는 거예요. 예금이 12개월 치 이자라면, 적금은 보통 1년 기준 6.5개월 치 이자를 받게 돼요.

똑같은 은행에 똑같은 기간 동안 돈을 맡길 때, 정기예금보다 정기적금의 이자율이 높은 경우가 많아요. 그래서 간혹 이미 모아 놓은 돈을 예금으로 넣지 않고, 조금씩 쪼개어서 적금으로 넣고 싶어 하는 사람들도 있습니다.

하지만 앞서 이야기했듯이 이자로 받는 금액은 '평균 잔고×이자율'로 결정되기 때문에 이자율이 조금 더 높은 적금으로 넣느라 평균 잔고가 적으면 결과적으로는 이자로 받는 금액이 더 적을 수 있어요. 정확히 계산해서 비교하고 싶다면 다음 질문에서 알려 줄게요.

금융 앱에서 가입할 때 만기 때 예상되는 이자를 알려 주곤 하지만 다시 계산하고 싶을 수도 있고, 여러 상품을 비교해 보고 싶을 수도 있죠. 그런데 예금의 이자는 비교적 계산하기 쉽지만 적금의 이자를 계산하려면 매달 납입하는 금액에 따라 이자율을 적용해야 해서 수열을 알아야 해요.

'앗, 수열? 나는 수학 잘 못 해서 어려운데……' 하고 걱정되나요? 수학을 몰라도 금융 생활은 얼마든지 현명하게 할 수 있어요. 만기 때 이자를 계산해 보는 건 어른들도 계산기의 힘을 빌린답니다.

'예적금 계산기'로 검색해도 많은 종류가 나오는데, 금융감독원에서 운영하는 금융소비자포털 '파인'의 예적금 계산기를 이용할 수 있습니다. 예금 금액, 기간, 방식, 이자율을 넣고 계산하기를 누르면 받게 될 이자가 계산돼 나온답니다. 간편하죠? 이것도 QR 코드로 직접 체험해 보세요!

금융소비자 포털 파인 예적금 계산기

Q11. 이자가 계산한 만큼 안 들어왔어요!

모은 돈에 이자율을 곱해서 미리 계산해 본 이자보다 실제로 받게 되는 이자는 좀 더 적습니다. 대한민국 국민이라면 모든 소득에 대해 세금을 내야 하니까요. 이자를 받는 것 또한 나에게 추가적인 소득이 생기는 거라서 이자 소득세를 떼는 거예요.

예금·적금 상품에 가입할 때 보면 '세전 이자', '세후 이자'라고 써 있죠? 그게 바로 이자 소득세를 떼기 이전, 이자 소득세를 뗀 후의 이자를 뜻합니다.

이제 '복리의 힘'에 대해 알려 드릴게요. 예금을 드는 방법은 재테크 가운데 '로우 리스크 로우 리턴(Low Risk Low Return)'에 해당해요. 내가 모은 돈을 잃을 염려가 없는 대신 돌아오는 추가 수익도 적은 편이죠. 하지만 복리를 이용하면 시간이 흐를수록 더 큰돈을 만들 수 있어요. 시간이야말로 10대 때 시작하는 저축의 가장 큰 장점이기도 하죠. 긴 인생을 놓고 볼 때 여러분에게는 앞으로 시간이 많으니까요.

은행에서 우리에게 이자를 줄 때 계산하는 방식은 두 가지가 있어요. 단리와 복리인데요. 단리는 원금에 대해서만 이자가 붙고, 복리는 '원금＋이자'에 이자가 붙는 거예요. 2년짜리 연이율 3% 예금에 100만 원을 넣었다고 가정해 볼게요.

첫해에 원금 100만 원에 이자가 3만 원 붙는 것은 단리나 복리나 똑같아요. 하지만 두 번째 해에 단리는 첫해와 마찬가지로 원금 100만 원에 대해서만 이자가 붙고, 복리는 첫해의 이자까

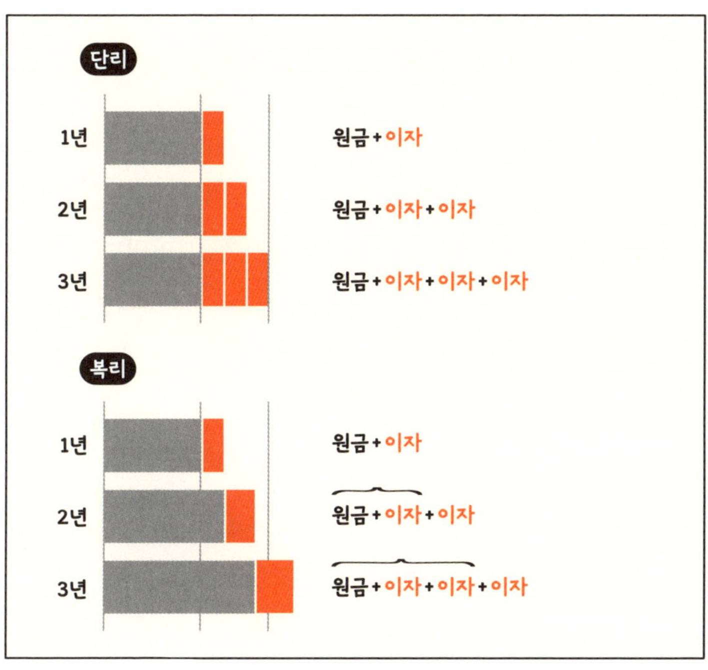

지 다시 원금으로 쳐서 103만 원에 대한 이자가 붙어요. 당연히 최초의 원금에만 이자율을 적용하는 단리보다 최초의 원금에 이자까지 더한 금액을 다시 원금 삼아 이자율을 적용하는 복리가 돈이 불어나는 속도가 빠르겠죠?

아주 긴 시간을 묶어 두는 복리 상품이 이제는 많지 않죠. 옛날에는 10~20%의 이자를 주는 상품도 있었다는데 이제는 연 3~5% 내외로 이자율이 높지 않고요. 하지만 복리의 마법은 스스로 만들 수 있어요. 돈을 꼭 지금 써야 하는 게 아니고 나중을 위해 모으는 거라면, 가입한 예금·적금 만기가 돌아올 때마다 원금과 이자를 함께 다시 예금하는 거예요. 이걸 재예치라고 부릅니다.

지금은 푼돈 같아도 만기 때마다 이자를 쏙 빼서 쓰는 것과 이자까지 다시 넣어서 그 돈에도 다시 이자가 붙게 하는 건 몇 년만 흘러도 차이가 크게 벌어지거든요. '투자의 신'이라고 불리는 세계적인 투자자 워런 버핏도 부자가 되기 위한 첫걸음으로 "이자를 재투자하라"를 꼽았답니다. 복리는 이자 재예치와 긴 시간이 만나서 만들어 내는 마법인 만큼 하루라도 빨리 시작하는 게 중요하다는 것, 잊지 말아요!

매달 1만 원씩 모았을 때를 가정하고 계산해 봅시다. 연이율 5%일 때 3년 뒤, 10년 뒤, 30년 뒤에 얼마가 돼 있을까요?

3년 동안 매월 1만 원씩 적금하면서 이자는 만기 때마다 빼서 쓰면(단리) 38만 7,750원, 이자를 찾지 않고 원금과 함께 재예치하면(복리) 38만 9,148원이 돼요. 10년 뒤 단리일 때 150만 2,500원,

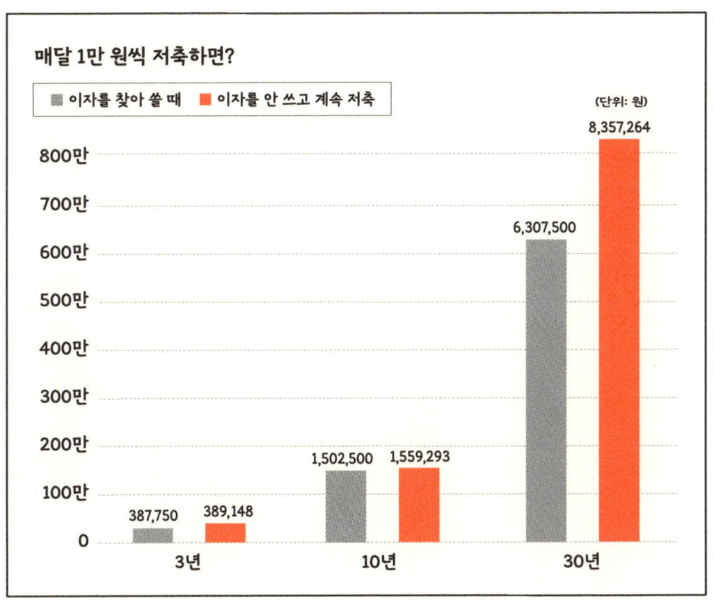

복리일 때 155만 9,293원이 됩니다. 30년 뒤 단리일 때 630만 7,500원, 복리일 때 835만 7,264원이 되고요. 시간이 흐르는 만큼 차이가 점점 커지죠? 아주 작은 돈이라도 지금부터 모으기 시작하는 게 중요한 이유예요.

용돈은 조금이어도
큰돈을 모으고 싶을 때
뭐부터 해야 할지 알게 됐다면?
오늘의 미션 완료!
축하합니다.

첫 알바 시작하기 전에 알아야 할 것들

START

SUCCESS

알바에
도전해 보기

'청소년 용돈 버는 법'을 검색하면 정말 여러 게시물을 볼 수 있을 정도로 10대부터 돈벌이를 시작하는 친구들이 많아요. 요즘 알바에 관심이 생긴 서준이가 질문을 보내왔습니다. 😊

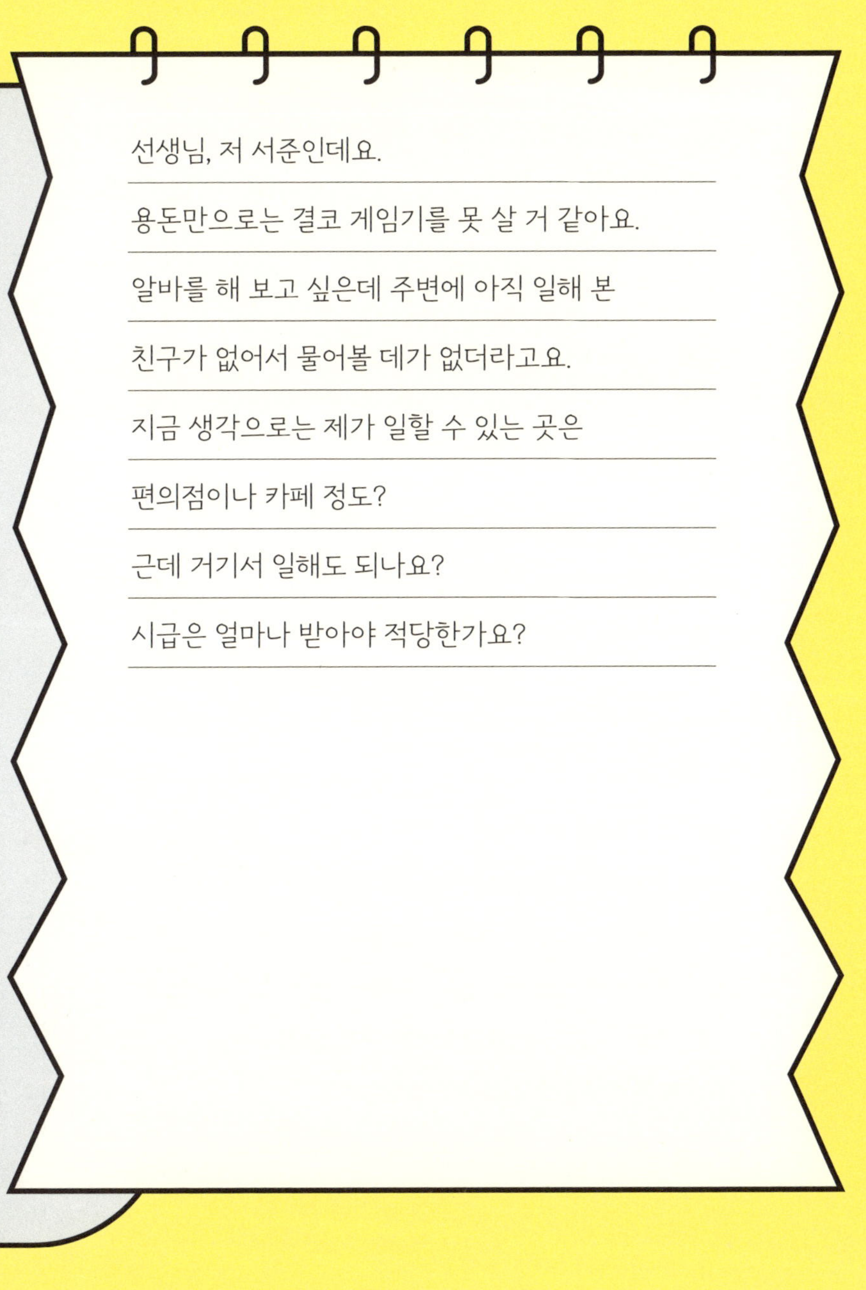

선생님, 저 서준인데요.

용돈만으로는 결코 게임기를 못 살 거 같아요.

알바를 해 보고 싶은데 주변에 아직 일해 본

친구가 없어서 물어볼 데가 없더라고요.

지금 생각으로는 제가 일할 수 있는 곳은

편의점이나 카페 정도?

근데 거기서 일해도 되나요?

시급은 얼마나 받아야 적당한가요?

생활비가 필요해서, 혹은 돈을 모으고 싶거나 자아실현을 위해서 등 알바의 목적은 다양할 텐데요. 알바하며 돈도, 사람도, 경험도 쌓이기를 바라요. 알바를 시작하기 전에 확인할 것들을 꼼꼼히 체크해 봅시다!

Q1. 몇 살부터 알바를 할 수 있나요?

미성년자라면 나이에 따라 할 수 없는 일도 있고, 추가로 필요한 서류도 있어요. 내 나이에는 무엇이 필요한지 살펴볼까요?

표준 근로 계약서 양식과 친권자(후견인) 동의서는 고용노동부 홈페이지의 정책자료실에서 내려받을 수 있어요. 근로 계약서

- 만 13세 미만: 예술 공연에 참가하는 경우에만 알바 가능
- 만 13세 이상~만 15세 미만: 가족관계증명서, 법정 후견인(부모님·친권자·후견인) 동의서, 지방고용노동청에서 발급한 취직인허증 제출 필수, 근로 계약서 작성 필수
- 만 15세 이상~만 18세 미만: 가족관계증명서, 법정 후견인(부모님·친권자·후견인) 동의서, 근로 계약서 작성 필수
- 만 18세 이상: 근로 계약서 작성 필수

양식 파일을 내려받으면 친권자 동의서가 포함돼 있답니다. 청
소년들이 일하며 부당한 대우를 받고도 별다른 대응을 하지 못
하는 경우가 많은데, 이런 일을 방지하기 위해 근로계약 내용을
보호자와 함께 확인하고 동의서를 받도록 하는 거랍니다.

친권자(후견인) 동의서

○ 친권자(후견인) 인적 사항

성명:

생년월일:

주소:

연락처:

연소 근로자와의 관계:

○ 연소 근로자 인적 사항

성명: (만   세)

생년월일:

주소:

연락처:

○ 사업장 개요

회사명:

회사 주소:

대표자:

회사 전화:

본인은 위 연소 근로자가 위 사업장에서 근로를 하는 것에 대하여 동의합니다.

년   월   일

친권자(후견인) (인)

첨부: 가족관계증명서 1부

고용노동부 정책자료실

Q2. 편의점이나 카페에서 일해도 되나요?

'시간제 알바' 하면 떠오르는 대부분의 일을 청소년도 할 수 있어요. 편의점, 공연장, 영화관, 주유소 등에서 하는 일부터 전단지를 나눠 주는 일까지요. 다만 청소년에게 위험하거나 해롭다고 판단되는 업종에서는 일할 수 없어요. 유흥업소, 단란주점, 비디오방, 만화방, 노래방, 숙박 시설, 술집 등이 이에 해당합니다.

만약 카페라고 해도 주류를 중점적으로 판매하는 곳이면 불가해요. 청소년보호법에 정확한 기준이 나와 있으니 일을 구하기 전에 꼭 살펴보고, 채용 공고에 나와 있는 내용 외에도 안전한 근로 장소인지 반드시 확인해야 합니다.

청소년고용금지업소 확인해 보기

Q3. 만 15세 미만일 때 취직인허증은 어떻게 받나요?

만 15세 미만 청소년의 경우, 정신적·신체적 성장과 의무교육을 받는 일에 집중해야 하는 시기이므로 원칙적으로 취업을 금지하고 있어요. 우리나라의 의무교육 기간은 초등교육 6년, 중등교육 3년이죠.

예외적으로 만 13세 이상~만 15세 미만인 청소년이 성장에 해가 없고 학교 다니는 데 방해가 되지 않는 일을 희망하는 경우에만 고용노동부에서 취직인허증을 발급받아 취업할 수 있습니다. 집에서 가장 가까운 지방고용노동청 민원실에 가서 취직인허증 신청서를 작성하고 제출하면, 내용을 검토한 뒤 취직인허증을 발급해 준답니다.

　계약서라고 하니까 어렵게 느껴지나요? 여러분이 편의점에서 물건을 사는 것도 계약이에요. 물건을 얼마에 사고팔겠다는 계약을 맺는 거거든요. 영수증 뒷면을 살펴보면 '할부 거래 계약서'라고 적혀 있답니다. 근로 계약서를 쓰는 것도 서로의 약속을 증명하는 일이라고 생각하면 돼요.

　근로 계약서는 일하는 것(근로)에 대해 여러분(피고용인)과 사장님(고용인)이 하는 약속을 적어 두는 문서입니다. 여러분은 "내가 이만큼 일하면 당신이 얼마를 주기로 했다", 사장님은 "내가 돈을 얼마 주면 당신이 이런 노동을 제공하기로 했다"라고 약속하고 이를 지켜야 한다는 법적 근거를 마련해 두는 거예요. 계약서가 없으면 일은 했는데 돈을 주지 않거나 부당 해고 등의 상황을 맞닥뜨릴 때 불리하게 작용하니 꼭 작성해야 해요.

　계약서에는 임금과 계산 방법, 지급 방법, 하루에 얼마나 일하고 쉬는 시간은 얼마나 있는지를 포함한 근로시간, 휴일, 연차, 쉬는 날에도 급여가 지급되는 유급휴가는 1년에 며칠이나 되는지, 근무 장소, 업무 내용이 꼭 들어가야 합니다. 근로 계약서는 두 부를 작성해서 여러분과 사장님이 각각 한 부씩 갖거나, 한 부만 작성했다면 복사해서 사본을 꼭 챙겨 두세요!

근로 계약서 필수 삽입 사항

○ 임금과 임금 지급일, 지급 방식

○ 근무 시간, 기간, 장소

○ 업무 내용

○ 휴일, 연차, 유급휴가

○ 사회보험 적용 여부

※ 사본은 근로자에게 꼭 전달!

고용노동부에서 위 필수 사항들을 포함한 표준 근로 계약서를 만들어 뒀어요. 계약 기간을 정하는 경우와 그렇지 않은 경우, 또 직종별로 조금씩 다를 수 있습니다. 앞서 고용노동부 홈페이지에서 근로 계약서를 내려받을 수 있다고 이야기했죠?

연소 근로자(18세 미만인 자)
표준 근로 계약서

__________ (이하 "사업주"라 함)과(와) __________ (이하 "근로자"라 함)은 다음과 같이 근로계약을 체결한다.

1. 근로 개시일: 년   월   일부터

  ※ 근로계약 기간을 정하는 경우에는 "   년   월   일부터   년   월   일까지" 등으로 기재

2. 근무 장소:

3. 업무의 내용:

4. 소정 근로 시간: 시   분부터   시   분까지(휴게 시간 :   시   분 ~   시   분)

5. 근무일/휴일: 매주 ___일(또는 매일 단위) 근무, 주휴일 매주 ___요일

6. 임금

   - 월(일, 시간)급: ___________ 원

   - 상여금: 있음 (   ) ___________ 원, 없음 (   )

   - 기타 급여(제수당 등): 있음 (   ), 없음 (   )

     · ___________ 원, ___________ 원

     · ___________ 원, ___________ 원

   - 임금 지급일: 매월(매주 또는 매일) ___일(휴일의 경우는 전일 지급)

- 지급 방법: 근로자에게 직접 지급(   ), 근로자 명의 예금통장에 입금(   )

7. 연차 유급휴가

  - 연차 유급휴가는 근로기준법에서 정하는 바에 따라 부여함

8. 가족관계증명서 및 동의서

  - 가족관계기록사항에 관한 증명서 제출 여부:

  - 친권자 또는 후견인의 동의서 구비 여부:

9. 사회보험 적용 여부(해당란에 체크)

  □ 고용보험 □ 산재보험 □ 국민연금 □ 건강보험

10. 근로 계약서 교부

  - 사업주는 근로계약을 체결함과 동시에 본 계약서를 사본하여 근로자의 교부
    요구와 관계없이 근로자에게 교부함(근로기준법 제17조, 제67조 이행)

11. 근로계약, 취업규칙 등의 성실한 이행 의무

  - 사업주와 근로자는 각자가 근로계약, 취업규칙, 단체협약을 지키고 성실하게
    이행하여야 함

12. 기타

  - 13세 이상 15세 미만인 자에 대해서는 고용노동부 장관으로부터 취직인허증을
    교부받아야 하며, 이 계약에 정함이 없는 사항은 근로기준법령에 의함

년   월   일

(사업주) 사업체명: (전화:)

주소:

대표자: (서명)

(근로자) 주소:

연락처:

성명: (서명)

표준 근로 계약서(기간의 정함이 없는 경우)

___________ (이하 "사업주"라 함)과(와) ___________ (이하 "근로자"라 함)은 다음과 같이 근로계약을 체결한다.

1. 근로 개시일: 　　년　 월　 일부터

2. 근무 장소:

3. 업무의 내용:

4. 소정 근로시간: 　시　 분부터　 시　 분까지 (휴게 시간 : 　시　 분 ~ 시　 분)

5. 근무일/휴일: 매주 ___일(또는 매일 단위) 근무, 주휴일 매주 ___요일

6. 임금

　- 월(일, 시간)급: ___________ 원

　- 상여금: 있음 (　) ___________ 원, 없음 (　)

　- 기타 급여(제수당 등) : 있음 (　), 없음 (　)

　　· ___________ 원, ___________ 원

　　· ___________ 원, ___________ 원

　- 임금 지급일: 매월(매주 또는 매일) ___일(휴일의 경우는 전일 지급)

　- 지급 방법: 근로자에게 직접 지급(　), 근로자 명의 예금통장에 입금(　)

7. 연차 유급휴가

　- 연차 유급휴가는 근로기준법에서 정하는 바에 따라 부여함

8. 사회보험 적용 여부(해당란에 체크)

　　☐ 고용보험　☐ 산재보험　☐ 국민연금　☐ 건강보험

9. 근로 계약서 교부

　- 사업주는 근로계약을 체결함과 동시에 본 계약서를 사본하여 근로자의 교부 요구와 관계없이 근로자에게 교부함(근로기준법 제17조 이행)

10. 근로계약, 취업규칙 등의 성실한 이행 의무

　- 사업주와 근로자는 각자가 근로계약, 취업규칙, 단체협약을 지키고 성실하게 이행하여야 함

오늘부터 머니 챌린지!

11. 기타

 - 이 계약에 정함이 없는 사항은 근로기준법령에 의함

년   월   일

(사업주) 사업체명: (전화:)

주소:

대표자: (서명)

(근로자) 주소:

연락처:

성명: (서명)

7종의 문서를 받을 수 있고, 그중 18세 미만 연소 근로자에 대한 표준 근로 계약서를 작성하면 돼요.

Q5. 알바비는 얼마나 받으면 돼요?

청소년도 성인과 똑같이 최저임금 적용을 받습니다. 임금은 근로자가 노동의 대가로 사용자에게 받는 보수예요. 최저임금은 근로자가 고용주에게 일정 금액 이상은 반드시 받을 수 있도록 국가가 정해 놓은 하한선이에요. '적어도 얼마 이상은 꼭 줘야 해!'를 정해 둬서 노동자의 안정적인 생활과 노동의 질적 향상을 보장하려는 거죠.

1인 이상 근로자를 고용하는 모든 사업장이 최저임금을 지켜야 해요. 만약 최저임금보다 낮은 임금을 준다는 등 법적 요건에 어긋나는 근로계약을 했다면 무효입니다. 2025년 최저임금은 시간당 1만 30원이에요. 단, 1년 이상 근로계약을 맺고 수습 기간을 거치는 경우 3개월까지는 약속한 임금의 90%만 지급하는 것도 가능합니다.

청소년도 성인과 동일한 최저임금을 적용 받으니, 청소년의 최저 시급도 1만 30원이에요. 소득세, 사회보험 요금을 제외하기 전을 기준으로 한 금액이고요. 내가 최저임금 이상을 잘 받고 있는지 궁금하다면 고용노동부의 최저임금 모의계산기로 계산해 보세요.

고용노동부 최저임금 모의계산기

시간당 최저임금

국민연금, 건강보험, 고용보험, 산재보험 등의 4대 보험을 말합니다.

고용주는 알바생이 4시간 일하면 30분 이상, 8시간 일하면 1시간 이상의 쉬는 시간(휴게 시간)을 보장해야 해요. 쉬는 시간에는 자유롭게 쉴 수 있어야 하고요. 일하기 전이나 후가 아닌 일하는 시간 가운데 쉬는 시간이 주어져야 합니다. 물론 휴게 시간은 근로시간에 포함되지 않고 시급도 지급되지 않습니다.

만 18세 미만 청소년은 하루 7시간, 일주일에 35시간까지만 일할 수 있어요. 만약 고용주와 알바생 둘 다 동의하면 하루에 1시간, 일주일에 5시간까지만 연장 근로를 할 수 있고요. 연장 근로를 포함하면 하루에 8시간, 일주일에 40시간까지 근무가 가능한 거죠.

그리고 밤 10시부터 새벽 6시까지인 야간과 휴일에는 일할 수 없어요. 만약 야간이나 휴일 근무가 꼭 필요한 경우라면 여러분이 동의하고, 관할 지방고용노동관서장의 인가를 받아야만 해요. 근로자가 5명 이상인 사업장에서 연장·야간·휴일 근무를

했다면 시급의 50%를 추가로 받아야 합니다.

　먼저 기억해야 할 것이 있어요. 알바비는 현금으로 한 번에, 정해진 날짜에 받아야 해요. 문화상품권이나 물건 등의 대체품으로 받으면 안 되고, 반드시 현금을 직접 혹은 계좌이체로 받아야 합니다.

　만약 일을 그만두는 경우에는 그만둔 날부터 14일 이내에 일한 만큼의 알바비를 전부 받을 수 있어요. 미리 약속한 일을 다 했는데도 알바비를 주지 않는 등 문제가 생겼다면 고용노동부 홈페이지의 노동포털 페이지에서 임금체불진정을 신청한 뒤 가까운 고용노동청에 신고해서 도움을 받도록 하세요. 임금을 지급하지 않은 고용주는 3년 이하의 징역 또는 3,000만 원 이하의 벌금을 물 수 있고, 체불 사업주 명단 공개 및 신용 제재의 대상이 될 수 있어요.

임금체불진정 신청하기 

집 앞 편의점에서 평일 알바를 하는 고등학교 2학년 학생을 만났어요. 월요일부터 금요일까지 매일 3시간씩 일한다기에 "주휴 수당은 받느냐"라고 물었더니, 눈을 동그랗게 뜨며 그게 뭐냐고 되묻더라고요. 주휴 수당을 몰랐다면 지금 같이 알아봅시다.

① 일주일에 15시간 이상 일하고, ② 결근 없이 약속한 요일에 다 일했고, ③ 다음 주에도 일할 예정이라면 사장님은 알바생에게 유급 휴일을 줘야 해요. 그리고 이 유급 휴일에 주는 임금을 주휴 수당이라고 불러요. 주휴 수당은 다음과 같이 계산합니다.

결근 없이 15시간 일한 근로자의 이번 주 주휴 수당

(15시간/40시간) × 8시간 × 시급

*** 단, 40시간 이상 근무한 경우에도 최대 40시간까지만 적용됩니다.**

주휴 수당은 근로자의 권리인데, 지급하지 않는 경우가 종종 있어요. 물론 한 사업장에서 주 15시간 이상 일할 때 받을 수 있는 거랍니다. 월요일과 화요일에는 A 편의점에서 하루 3시간씩 일하고, 수요일부터 금요일까지는 B 주유소에서 하루 3시간씩 일했다면 주휴 수당을 받을 수 없어요.

간혹 주휴 수당을 지급하지 않으려고 일부러 노동자의 근로 시간이 주당 15시간이 넘지 않게 고용하는 고용주도 있다고 하네요. 여러분이 시급 높은 곳을 찾아 여러 가지 알바를 하려고 할 때도 유급 휴일과 주휴 수당은 꼭 고려하세요!

Q10. 일하다가 다치면 보상받을 수 있다고요?

집 앞 편의점 알바생과 이야기하다 보니 선반에서 유리로 된 물건이 떨어지면서 이마가 살짝 찢어진 적이 있다고 하더라고요. 그때 치료는 어떻게 했는지 물었더니 병원에 가서 꿰맸고, 치료비는 엄마가 내셨다고 해요. 이렇게 일하다가 다친 경우에는 산업재해보상보험법과 근로기준법에 따라서 치료와 보상을 받을 수 있습니다.

산업재해보상보험(이하 산재보험)은 근로자가 업무 중 다치거나 병에 걸리거나 사망하는 등의 위험에 대비하기 위해 국가가 책임을 지는 보험이에요. 일하다가 다쳤는데 고용주의 잘못이 있는 경우에는 고용주로부터 손해배상을 받을 수 있고요. 근로자를 한 명이라도 고용하는 사업장이라면 반드시 산재보험에 가입해야 해요.

　정규직뿐 아니라 계약직, 알바생 모두 산재보험의 적용을 받을 수 있답니다. 일하다가 다치면 꼭 고용주에게 알려서 보상받도록 하세요!

Q11. 4대 보험은 꼭 들어야 하는 건가요?

　흔히 '4대 보험'이라고 불리는 4대 사회보험이란 국민연금, 고용보험, 건강보험, 산재보험을 말해요. 국민의 건강 및 소득을 보장하는 제도라서 법적으로 근로계약을 한 근로자라면 정규직이든 계약직이든 4대 보험에 가입하는 게 원칙이죠. 국민연금, 고용보험, 건강보험은 사용자(고용주)와 근로자가 각각 50%씩 부담하고, 산재보험은 사용자가 100% 부담합니다. 보험에 가입하면 사회보험비를 떼고 알바비를 받게 된답니다.

　하지만 단시간 근로자(일주일에 40시간 미만 근무)와 초단시간 근로자(일주일에 15시간 미만 근무)에 해당하는 알바의 경우 예외가 있어요. 단시간 근로자는 4대 보험 중 고용보험과 산재보험, 초단시

내가 일하는 사업장의 산재보험 가입 여부는 근로복지공단(1588-0075)에서 확인할 수 있습니다.

간 근로자는 산재보험만 필수 가입입니다. 초단시간 근로자여도 3개월 이상 일한다면 고용보험 의무 가입 대상인 것도 기억해 두세요. 또한 국민연금의 경우 만 18세 이상 가입이 가능해서 만 18세 미만 청소년은 해당하지 않아요.

편의점 알바생에게 그 밖에 힘든 일이 없었는지 물어봤어요. 오가는 손님 수가 적당해서 일하기 괜찮은 편인데 가끔 무례한 손님이 오면 당황스럽다고 하더라고요. 고등학생 같은데 신분증을 보여 주지 않고 무조건 담배를 내놓으라는 사람부터 상품 가격을 막무가내로 깎아 달라며 소리 지르는 사람까지……. 이런 경우에는 바로 경찰에 신고해야 해요.

또 예전에 일했던 곳에서는 갑자기 일을 그만두라고 해서 난감했었다는 이야기도 들었어요. 사용자가 노동자를 해고할 때는 30일 이전에 예고해 주는 게 원칙입니다. 30일 전에 예고하지 않았다면 30일분 이상의 임금을 지급해야 하고요.

예외적으로 일한 지 3개월이 안 됐거나, 부득이한 사유로 고용주가 사업을 계속할 수 없는 경우 혹은 근로자가 고의로 사업에 지장을 초래하거나 재산상 손해를 끼친 경우에는 사전 예고

없이 그만두도록 할 수 있습니다.

도의적으로 볼 때 근로자 입장에서도 그만두려 한다면 미리 예고하는 게 좋습니다. 새로운 근로자를 뽑을 시간이 필요할 테니까요. 이 밖에도 일하면서 궁금한 사항이 있거나 성희롱 등 부당한 일을 겪었다면 상담을 통해 도움을 받을 수 있어요. 아래에 상담 가능한 기관 정보를 남겨 둘게요. 마지막으로 다음 페이지에서 알바 체크리스트를 점검해 보세요!

- **청소년 모바일 문자 상담 전화**
  - 국번 없이 1388

- **청소년·청년근로권익센터**
  - 홈페이지: www.youthlabor.co.kr
  - 전화: 1644-3119
  - 카톡 ID: 청소년근로권익센터

- **고용노동부 상담 전화**
  - 국번 없이 1350

알바 체크리스트

1	근로 계약서에 필수 사항이 모두 들어 있는가? ① 임금과 임금 지급일, 지급 방식 ② 근무 시간, 기간, 장소 ③ 업무 내용 ④ 휴일, 연차, 유급휴가 ⑤ 사회보험 적용 여부	O, X
2	급여에 주휴 수당이 포함돼 있는가? • 주휴 수당: 주 15시간 이상 근무한다면 일주일 동안 출근한 경우 부여해야 하는 휴일을 급여로 지급하는 수당 • 주휴 수당 계산: (일한 시간/40시간)×8×시급	O, X
3	급여는 정해진 일자에 한 번에, 현금 혹은 계좌이체로 지급하는가?	O, X
4	시간당 최저임금 이상의 임금을 지급하는가?	O, X
5	청소년 고용이 가능한 곳인가? • 청소년 고용 금지 업소 　유흥업소, 단란주점, 비디오방, 만화방, 노래방, 숙박 시설, 목욕탕, 이발소, 소주방, 카페, 호프집 등	O, X
6	식사 시간과 식사를 보장하는가?	O, X
7	거리가 가까운가, 교통편은 편리한가?	O, X

알바할 때
체크리스트 점검을
모두 마쳤다면?
오늘의 미션 완료!
축하합니다.

핸드폰 요금 연체하면 신용 점수가 낮아지나요?

THE MONEY CHALLENGE

LEVEL
05

THE MONEY CHALLENGE

SUCCESS

신용 점수 높은 어른이 될 준비하기

핸드폰 요금 소액 결제를 자주 사용하시나요?

그렇다면 다음 재성이 이야기를 주목해 주세요. ☺

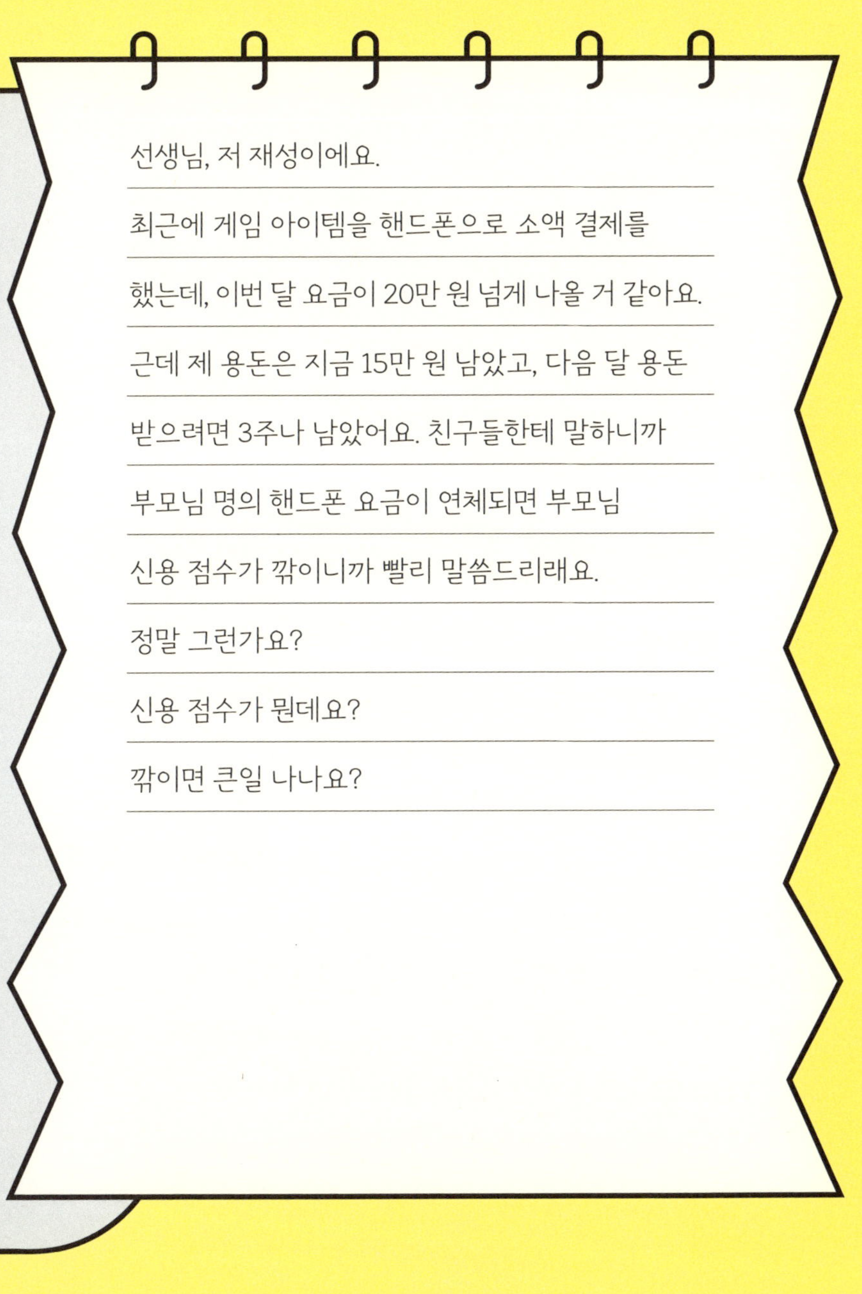

선생님, 저 재성이에요.

최근에 게임 아이템을 핸드폰으로 소액 결제를

했는데, 이번 달 요금이 20만 원 넘게 나올 거 같아요.

근데 제 용돈은 지금 15만 원 남았고, 다음 달 용돈

받으려면 3주나 남았어요. 친구들한테 말하니까

부모님 명의 핸드폰 요금이 연체되면 부모님

신용 점수가 깎이니까 빨리 말씀드리래요.

정말 그런가요?

신용 점수가 뭔데요?

깎이면 큰일 나나요?

재성이 고민이 다급해 보이는데, 답변부터 빨리 해 볼까요? 핸드폰 요금이 연체되면 신용 점수에 안 좋은 영향을 미칠 수 있어요. 요금에 단말기 할부금이 포함돼 있다면 더 큰 문제고요. '며칠이니까, 소액이니까, 곧 납부하면 되겠지'라며 가볍게 생각할 일이 아니에요. 연체로 여러 가지 불이익을 받기 전에 부모님께도 알려야 해요. 신용 점수가 뭐길래 이렇게 중요하다고 강조하는지는 지금부터 같이 알아봐요.

Q1. 신용이 뭐예요?

선생님이 학생일 때 부모님께 학원 간다고 하고 친구랑 영화 보러 간 적이 있었어요. 당연히 걸렸죠. 그 이후로 부모님은 제가 진짜로 도서관에 갈 때도, 학원에 갈 때도 "정말이야?"라며 늘 확인하셨어요. 하루는 "엄마, 이제 제발 저 좀 믿어 주세요!"라고 했더니 엄마도 믿고 싶은데, 한 번 믿음이 깨지면 회복하기가 너무 어렵다는 말씀을 하시더라고요. 엄마가 볼 때는 제가 약속을 안 지킬 수도 있는 가능성이 생겨 버린 거죠.

여러분도 이런 경험이 있나요? 저는 정말 착실하게 거짓말하지 않고 몇 년을 보내고 나서야 "정말이야?"라는 질문을 받지 않게 됐답니다. 신용은 사람과 사람 사이에 생기는 믿음을 뜻해요.

제가 그랬듯이 한 번이라도 믿음을 저버리면 회복하는 데 많은 시간과 노력이 필요합니다.

이 믿음을 '돈'에 적용해 생각해 볼까요? 돈을 빌리거나 외상으로 물건을 사고 나서 언제까지 갚겠다는 약속을 잘 지킨 사람은 신용이 있는 사람으로 평가받죠. 그래서 경제적으로 신용은, 미래에 갚을 것을 약속하고 지금 돈을 빌리거나 물건을 살 수 있는 능력을 말해요. 신용을 바탕으로 돈을 빌린 뒤에 정해진 수수료나 이자를 덧붙여 나중에 결제하는 것을 '신용 결제'라고 하고요.

그럼 핸드폰 요금제는 신용 결제라고 할 수 있을까요? 우리는 핸드폰을 사용하고 나중에 사용한 대금을 지불하죠. 그래서 핸드폰 요금제 같은 서비스는 신용 결제에 해당해요. 핸드폰 소액 결제도 물론이고요. 10개월 할부로 태블릿 PC를 사는 건 어떨까요? 먼저 태블릿 PC를 받고, 열 달 동안 대금을 나누어 내니까 신용 결제라고 할 수 있어요.

> **Q2. 그럼 신용 점수는 뭐예요?**
> **저도 받을 수 있나요?**

친구들이 돈을 빌려 달라고 하는 상황을 떠올려 보세요. 지난 번에 1만 원을 빌려 갔다가 바로 갚은 친구 A에게는 용돈을 또 한 번 빌려줄 수 있지만 5,000원을 빌려 갔다가 아직도 안 갚은 친구 B에게는 이제 돈을 못 빌려주겠죠? 바로 사람마다 신용이 달라서 그런 거예요. 사회에서도 사람마다 미래에 갚겠다고 약속하고 빌릴 수 있는 금액이 다르죠.

그럼 그 신용은 누가 어떻게 평가하는 걸까요? 공식적으로 신용 평가를 해 주는 곳이 있어요. 'KCB'와 'NICE신용평가'가 대표적인 신용 평가 기관이에요. 이 기관들은 대한민국 모든 사람의 신용과 관련된 자료를 모읍니다. 은행, 보험사, 증권사, 이동통신 회사 등으로부터 결제와 연체 정보, 대출 금액, 신용카드 이용 금액처럼 개인의 금융거래 내역을 모두 수집하는 거예요. 그 정보들로 신용 평가 시스템에 의해 신용 점수를 매기는데, 1~1,000점으로 점수화해요. 점수가 높을수록 신용이 좋다는 뜻이에요.

만 18세 이전의 금융거래는 신용 점수에 반영되지 않아요. 만 18세 이상인 사람이 금융사와 거래를 진행하는 순간 그에 대한 신용 점수가 매겨지기 시작하죠. 아직 충분한 정보가 없기 때문에 평균 점수인 600점 정도부터 시작된답니다.

건강한 금융거래 내역이 쌓일수록 신용 점수는 높아져요. 예를 들어, 신용카드로 매월 적당한 금액을 결제하고 연체한 이력이 없으면 신용 점수는 높아지죠. 만약 적은 금액이라도 자주 연체한다면? 당연히 신용 점수가 낮아집니다. 여기서 적정 금액은 보통 신용카드 한도의 30% 이하를 의미한다고 해요. 신용카드 한도 또한 개인의 신용에 따라 다르게 정해지고요.

그러면 빚을 지는 건 어떨까요? 은행에서 대출을 받는 건 빚을 지는 거니까 신용에 안 좋을 거라고 생각할 수 있지만 필요할 때 현명하게 대출 상품을 이용하는 건 좋은 거래에 해당해요. 대출을 받고 약속한 날짜에 갚으면 신용 점수가 높아지고, 10만 원 이상의 금액을 5일 이상 연체하면 내려갑니다.

이 정보들은 신용 평가 기관에 공유돼요. 일반적으로 소득이 많으면 신용도 더 높아지는데요. 돈이 많으면 나중에 돈을 빌렸을 때 갚을 능력도 크다고 보기 때문이에요. 그렇다면 결제 금액을 자주 연체했던 연봉 1억 원의 A와 연체한 적이 없는 연봉 3,000만 원의 B 중 누구의 신용 점수가 더 높을까요?

놀랍게도 B의 신용 점수가 더 높을 수 있어요. A가 소득이 많아도 계획적으로 지출할 줄 몰라서 연체 경험이 많다면 믿을 수 없는 사람이라고 여겨지기 때문이죠. 신용 평가 기관의 생각도 우리 상식과 비슷하죠?

학교에 다닐 때부터 신용 관리에 관심을 가져야 하는 이유가 여기 있어요. 다른 사람과 약속을 지켜 버릇하는 게 결국 스스로를 위한 일이라는 걸 의식하며 생활하는 것과 아닌 것은 큰 차이를 만들거든요. 이런 고민과 판단을 바탕으로 작은 경험들이 쌓여야 성인이 돼서도 신용카드로 결제하거나 할부로 물건을 구매할 때 내가 특정 날짜까지 돈을 갚을 수 있는지 신중히 살피고, 돈을 갚지 않는 일을 예방할 수 있어요.

신용 평가 기관 웹사이트에서 1년에 총 3회까지 무료로 점수를 확인할 수 있어요. 게다가 요즘은 여러 금융 앱에서 신용 점수 조회가 가능해져서 내 점수를 확인하는 일이 편해졌어요. 앱에 들어가서 '점수 확인하기'를 누르기만 하면 되죠. 횟수는 무제한이고, 이후 신용 점수가 변동될 때마다 알림을 보내 주기 때문에 관리할 수 있다는 장점이 있어요.

간혹 신용 점수를 알아보면 점수가 깎이는 게 아닌지 걱정하는 분들이 있는데요. 내 신용 점수를 조회해 보는 건 점수에 영향을 주지 않아요. 하지만 만약 짧은 기간 안에 여러 개의 신용 카드를 발급하느라 여러 카드사에서 내 신용 점수를 여러 번 조회하면 안 좋은 영향을 줄 수 있어요. 지출 관리를 잘못해서 급하게 돈이 필요한 사람으로 여겨질 수 있기 때문입니다.

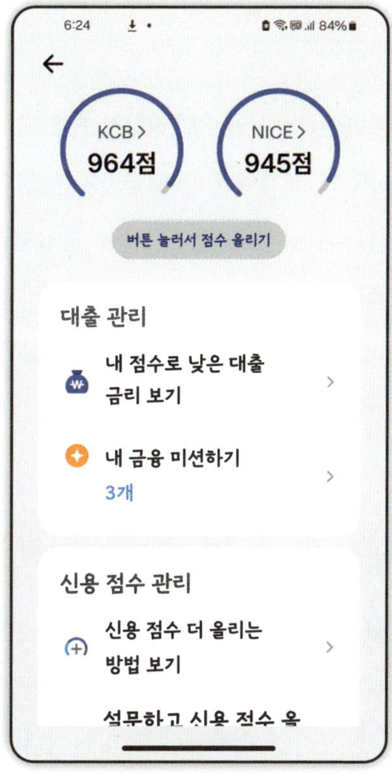

만 18세가 넘으면 신용 점수를 조회해 볼 수 있다.

신용카드를 발급받는 데는 두 가지 조건이 있어요. 만 18세 이상일 것과 신용 점수가 일정 점수 이상일 것. 앞서 두 가지 신용 평가 회사를 소개했었죠? 그중 KCB 신용 점수 기준으로는 576점, NICE 신용 점수 기준으로는 680점 이상이 돼야 신용카드 발급이 가능해요.

하지만 금융거래 실적이 없으면 600점 정도에서 신용 점수가 시작되니까 처음부터 신용카드를 발급받기는 힘들어요. 정기적인 수입이 있거나 내 명의의 체크카드를 발급받아 6개월 이상 사용하고 나면 신용 점수가 올라갈 거예요. 체크카드를 쓰는 게 신용 결제에 해당하는 건 아니지만, 6개월 이상 꾸준히 사용하면 신용 점수에 좋은 영향을 미친다고 해요.

용돈을 계좌로 받고 체크카드로 쓰고 있는 친구들 많죠? 써봐서 알겠지만 체크카드는 통장에 넣어 둔 돈만큼 쓸 수 있잖아요. 결제하는 순간 연결된 계좌에서 돈이 빠져나가고요.

하지만 신용카드는 결제했을 때 계좌에서 돈이 바로 빠져나

결제일
25

가지 않아요. 내 통장에 있는 돈보다 많은 금액을 결제할 수도 있고요. 내가 다음 결제일까지 그 돈을 계좌에 준비해 둘 거라고 믿고 신용카드사가 나 대신 대금을 먼저 지불해 주는 거예요. 그러고 나서 한 달 동안 내가 쓴 금액을 다음 달 결제일에 한꺼번에 내 통장에서 가져가죠.

내 신용을 사용한 거래이므로 일종의 외상 거래라고 할 수 있어요. 신용을 사용하면 당장 돈이 없어도 필요한 물건을 살 수 있어 편리해요. 하지만 결제일이 오면 한 달 동안 쓴 금액을 한 번에 내야 하고, 또 그 결제일은 생각보다 빠르게 돌아온다는 점을 꼭 기억하세요.

Q7. 신용 점수가 떨어지면 무슨 일이 일어나나요?

어른이 돼 생활하다 보면 은행에서 돈을 빌려야 하는 순간이 찾아와요. 특히 내가 살 집을 마련할 때 처음 대출을 받게 되는 경우가 많죠. 은행에 대출을 받으러 가면, 나를 믿고 돈을 빌려 줘야 하는 은행은 나의 신용 점수가 궁금하겠죠? 이때 신용 점수나 여러 조건에 따라 내야 하는 이자가 달라질 수 있고, 무엇이든 연체했던 기록이 있으면 대출을 못 받게 될 수도 있어요. 은행으로서는 돈을 못 돌려받는 상황을 방지해야 하기 때문이죠.

은행이나 신용카드사 등에서 돈을 빌려 쓰고는 제때 갚지 않고 연체한 사람을 '금융 채무 불이행자'라고 해요. 되게 무서운 이름이죠? 그런데 엄청난 금액을 갚지 않았다고 해서 금융 채무 불이행자가 되는 게 아니랍니다. 석달 이상 안 갚은 금액이 50만 원 이상이거나, 50만 원 미만을 두 건 이상 안 갚으면 금융 채무 불이행에 해당해요.

당연히 다른 금융사들에도 이 정보는 공유됩니다. 신용카드 대금뿐 아니라 전기 요금 등 각종 공과금을 제때 안 내거나 세금을 내지 않는 것도 금융 채무 불이행에 속해요. 금융 채무 불이행자가 되면 금융거래에 제약을 받아 정상적인 경제활동을 하기 힘들어요. 은행에서 돈을 빌리거나 신용카드사에서 신용카드를 발급받기 어렵고, 때로는 재산을 압류당할 수도 있어요.

꼭 금융 채무 불이행자가 되지 않더라도 신용 점수가 낮으면 신용카드 발급이 어려울 뿐 아니라 핸드폰 개통도 어렵고, 직장을 구할 때도 불이익을 받는 경우가 있어요. 신용 점수 관리가 중요하다는 걸 더는 강조하지 않아도 되겠죠?

Q8. 연체 금액을 갚으면 바로 신용 점수가 회복되나요?

연체된 돈을 모두 갚아도 금융 채무 불이행 정보는 일정 기간

(최장 5년) 동안 남아요. 간혹 연체된 돈을 갚으면 그다음 날부터 신용 점수가 다시 오른다고 생각하는 사람들이 있는데, 회복되는 데는 시간이 꽤 걸립니다. 건강한 신용거래로 자신이 연체하는 사람이 아니라는 것을 지속적으로 증명해 나갈 때 비로소 천천히 올라가는 거예요.

매번 약속을 지키는 친구보다 한 번이라도 어겼던 친구를 믿는 게 더 힘든 상황을 다시 떠올려 보세요. 그처럼 떨어진 신용 점수를 다시 올리는 데는 시간이 필요하고 힘이 드니까 처음부터 나빠질 상황을 안 만드는 게 중요합니다.

결제일이 다가오는데 신용카드 대금이 부족할 때, 해결 방법으로 자주 거론되는 것들이 있어요. 카드론, 현금 서비스, 리볼빙 서비스 등이죠. 카드론과 현금 서비스는 카드사에서 돈을 빌리는 거고, 리볼빙은 이번 달 결제할 카드 대금의 일부를 결제하면 나머지는 다음 달에 결제하도록 미뤄 주는 서비스예요.

이들의 공통점이 있다면? 바로 이자율이 무척 높다는 점이에요. 무려 16~19%나 되죠. 이번 달에 내가 실제로 사용한 금액도 갚지 못했는데 과연 다음 달이면 그 금액에 이자까지 낼 수 있을까요? 이런 서비스를 이용하면 감당하기 힘든 악순환에 빠질 확률이 높아요. 어떻게 갚아 나갈 것인지 아주 구체적인 계획을 세운 뒤에 이용해야 합니다.

당장 카드 대금을 내기 어려워 연체될 것 같을 때 도움받을 수 있는 제도로 '신속채무조정' 제도가 있어요. 다음 달 신용카드 대금이 연체될 것 같다거나 이미 연체됐는데 30일 이내라면 신용회복위원회에 신속채무조정을 신청할 수 있습니다. 이 경우 필요한 금액을 대출해 주는데, 이자율은 최대 연 10%이고 원금을 갚는 건 최장 10년에 걸쳐 나눠서 낼 수 있게 해 줍니다.

Q10. 신용 점수를 높일 수 있는 방법은 무엇인가요?

신용카드를 아예 안 쓰면 신용 점수가 올라갈까요? 그렇지 않아요. 오히려 신용카드를 오랫동안 연체 없이 적정 금액으로 사용하면 신용 점수가 올라갑니다. 누군가에게 돈을 빌려줄 때, 약속을 지켜 갚을 사람인지 아닌지 알고 싶으면 그동안의 신용거래 내역을 확인할 거예요. 신용거래 내역이 아예 없으면 그 사람이 믿을 만한지 아닌지 판단할 수가 없겠죠.

요즘 성인이 돼서도 부모님 계좌와 연결된 패밀리 카드를 사용하는 경우가 꽤 있더라고요. 그런데 이렇게 되면 본인의 신용 거래 정보가 쌓이지 않아요. 이런 사람들을 '신 파일러(Thin filer)' 라고 부르는데요. 서류(file)가 얇은(thin) 사람이라는 뜻으로, 금융 거래 정보가 거의 없어 신용을 평가할 수 없는 사람을 말해요. 이런 경우 대출이 필요해서 은행에 가면 대출이 거절되거나 높은 금리로 빌려야 할 가능성이 높아지겠죠. 신용 점수를 올릴 수 있는 다섯 가지 방법을 같이 살펴봅시다.

① 통신비나 공공요금을 성실히 납부하고, 실적을 제출하세요

대학생일 때나 사회생활을 시작한 지 얼마 안 됐을 때, 통신비와 공공요금을 성실히 납부했다는 기록을 신용 평가 회사에 제출하면 신용 점수를 올릴 수 있어요. 6개월 이상 통신비, 국민연금, 건강보험료, 도시가스 및 수도 요금을 납부했다면 5점에서 17점까지 가점을 받을 수 있습니다. 기간이 길수록 점수가 더 높아지거나 가점을 받는 기간이 길어진답니다.

② 본인 명의의 신용카드와 체크카드를 병행해 사용하세요

사회생활을 시작하면 곧장 본인 명의의 신용카드와 체크카드를 만들어서 사용하는 게 좋아요. 신용카드와 체크카드를 병행해서 적정 수준으로 꾸준히 사용하면 신용 점수 향상에 도움이 됩니다.

체크카드로 결제하는 즉시 연결된 계좌에서 돈이 빠져나가니까 체크카드 사용이 신용거래는 아니지만, 월 30만 원 이상 6개월 동안 사용하거나 6~12개월 동안 지속해서 사용할 경우 4~40점의 가점을 받을 수 있어요.

③ 신용카드 한도는 높이되 한도의 30% 이하로 사용하세요

신용카드를 만들면 사용 한도를 설정할 수 있는데요. 신용카드로 얼마까지 쓸 수 있는지 정하는 걸 말해요. 저는 오랫동안 신용카드 한도를 일부러 낮춘 채 사용했어요. 혹시나 너무 많이 사용하게 될까 봐 걱정됐거든요.

그런데 이렇게 사용하는 것보다 오히려 신용카드 한도를 높게 설정하고, 한도의 30% 이하로 사용할 때 신용 점수가 높아진다고 합니다. 똑같이 한 달에 100만 원을 사용했다고 하더라도, 신용카드 한도가 100만 원인데 이를 꽉 채워서 사용하는 것보다 신용카드 한도는 1,000만 원인데 100만 원을 사용하는 게 낫다는 거예요. 한도를 꽉 채워 사용하면 자금 여유가 없는 사람이라고 생각될 수 있기 때문입니다.

애초에 신용카드 한도도 신용 점수가 높아야 많이 받을 수 있기 때문에 처음 신용카드를 만들 때는 한도를 크게 높일 수 없을 거예요. 부여받은 한도의 30% 내에서 6개월 이상 사용하면 신용 점수가 차츰 올라갑니다. 그럼 신용카드 한도를 높일 수 있게 돼요.

신용카드 앱을 통해 한도를 높일 수 있는데, 여기서 주의할점! 한도를 높여 두고 그 한도에 맞춰서 필요 이상으로 소비하는 건 안 되는 거 알죠?

④ 오래된 신용카드를 꾸준히 사용하고, 결제일 전에 미리 결제해 보세요

신용카드를 여러 개 발급받는 사람들이 많아요. 카드사에서는 여러 혜택을 제시하며 신용카드를 발급받도록 유혹하곤 하죠.

그런데 최근에 만든 신용카드보다 한참 동안 사용해 온 신용카드를 꾸준히 쓰는 게 신용 점수 높이는 데는 더 유리하다고 해요. 어느새 신용카드가 많아져 한두 개 남기고 해지하려고 할 때는 가능하면 최근에 발급한 것부터 없애는 게 좋아요. 예전부터 사용한 신용카드에는 오랜 기간 잘 갚아 온 이력이 남아 있는데 카드를 해지하면 그 기록도 함께 사라지거든요.

또 신용카드 앱 혹은 홈페이지에 들어가면 '오늘 결제하기' 버튼이 있어요. 결제일까지 돈 쓸 일이 없을 것 같다면, 결제일 이전에 미리 결제하는 것도 신용 점수를 올리는 데 도움이 된다고 합니다.

⑤ '신용 점수 올리기'를 이용해 보세요

모바일 금융 앱에서 신용 점수를 조회해 보면, '신용 점수 올리기' 서비스를 발견할 수 있어요. 이 서비스를 이용하면 나의 금융거래 정보 중에 점수를 높여 줄 만한 정보를 모아 신용 평

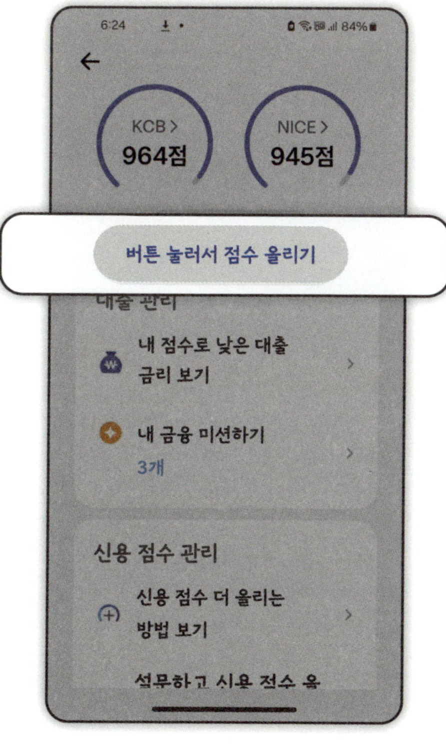

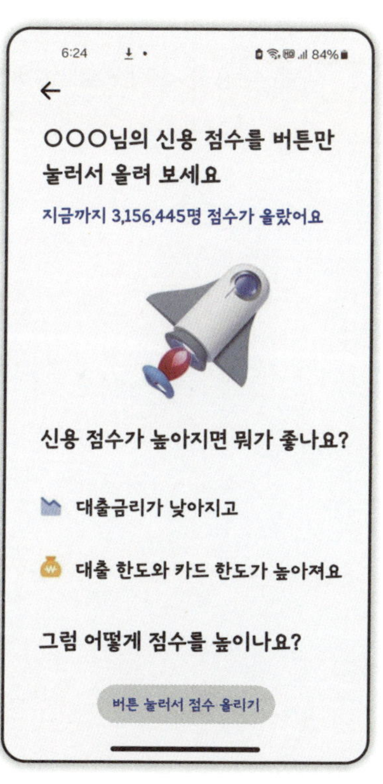

모바일 금융 앱에서 신용 점수를 올릴 수 있다.

가 회사에 제출하고 신용 점수를 올릴 수 있어요. 일반적으로 10~30점 정도 올릴 수 있다고 하네요. 물론 금융거래 정보에서 신용 점수에 반영할 만한 내역이 없으면 점수가 올라가지 않을 수도 있어요.

신용을 사용하면 그 결과에 대해 책임져야 해요. 올바른 신용 사용을 위해 가상의 신용 사용 서약서를 작성해 볼까요? 오늘 배운 내용을 바탕으로 적어 보세요.

1. 신용은 미래에 갚을 것을 약속하고 현재 돈을 빌리거나 물건을 살 수 있는 능력이다.

2. 신용 점수는 금융거래 정보를 이용해 개개인의 신용을 평가해서 1~1,000점으로 매긴 점수다. 1,000점에 가까울수록 신용이 좋은 사람이다.

3. 사회생활을 시작하면 바로 본인 명의의 신용카드와 체크카드를 만들어 꾸준히 병행해 사용하자. 카드를 자주 교체하기보다 6개월 이상 꾸준히 사용하자.

4. 자신의 신용 점수를 확인하고, 계속해서 관리하도록 하자.

5. 핸드폰 요금, 국민연금, 공공요금은 자동이체를 신청해 밀리지 않게 하자.

6. 신용카드는 신중하게 사용하고, 결제 대금 연체가 없도록 하자.

7. 신용카드 한도는 높게 설정하고, 한도의 30% 이하로 사용하자.

8. 신용 점수가 낮으면 은행에서 대출이 어렵거나 대출하더라도 높은 이자율이 적용된다.

신용 사용 서약서

성명:

생년월일:

나는 금융 생활에서 '신용이 있는 사람'으로서 신용 사용에 따른 결과를 인식하고 이에 대한 나의 책임을 다하기 위해 다음과 같이 서약합니다.

1. 핸드폰 요금을 기일 내에 납부하겠습니다.

2. 나의 용돈 규모에 맞게 필요한 물건을 구입하겠습니다.

3. 돈을 빌리기 전에 갚을 수 있는지 따져 보겠습니다.

4. 친구에게 빌린 돈을 약속한 기일 내에 반드시 갚겠습니다.

5. ____

6. ____

7. ____

년   월   일

서약인: (서명)

신용과 신용 점수가 뭔지, 또 어떻게
신용을 관리할 수 있을지 알게 됐다면?
오늘의 미션 완료!
축하합니다.

중고 거래에서 사기를 피하는 8가지 방법

START

LEVEL
06

중고 거래를 할 때 조심해야 할 점 알아내기

얼마 전 중고 거래 앱을 통해 카메라를 구입하려다가

사기를 당한 지원이가 사연을 보내왔어요.

중고 거래 경험 있으시죠?

어떤 점을 주의해야 하는지 알아볼까요? 😊

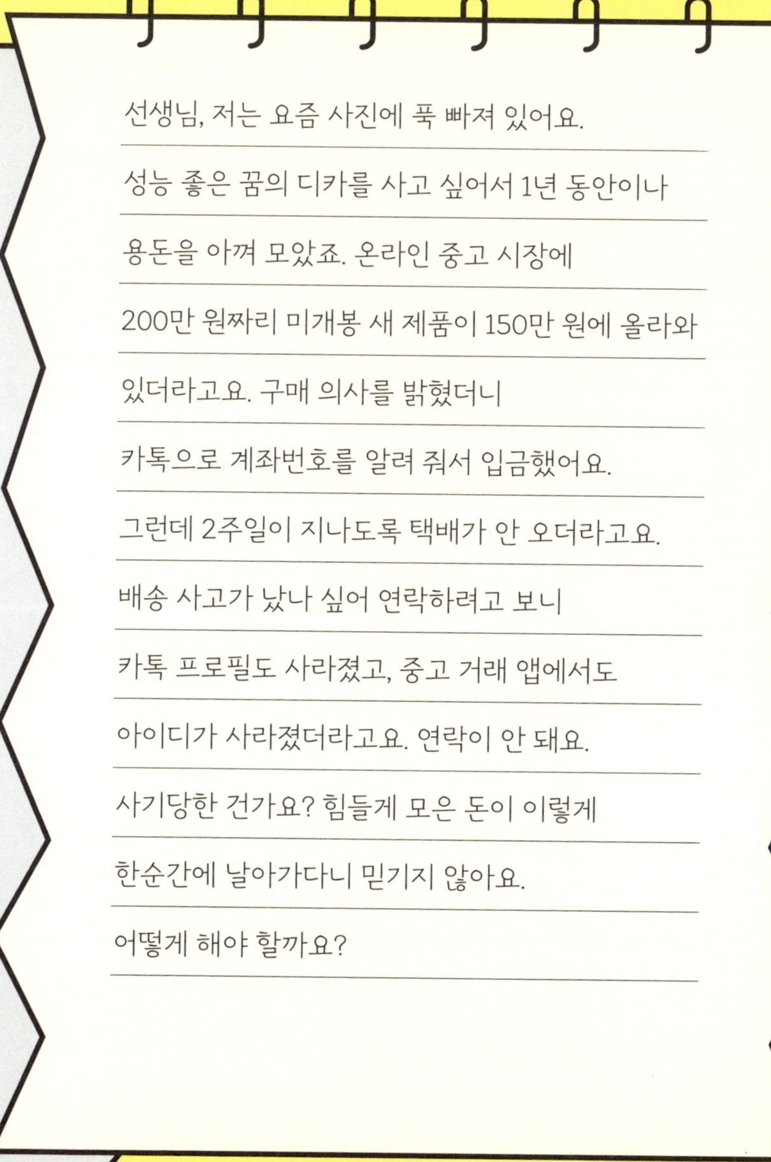

선생님, 저는 요즘 사진에 푹 빠져 있어요.
성능 좋은 꿈의 디카를 사고 싶어서 1년 동안이나
용돈을 아껴 모았죠. 온라인 중고 시장에
200만 원짜리 미개봉 새 제품이 150만 원에 올라와
있더라고요. 구매 의사를 밝혔더니
카톡으로 계좌번호를 알려 줘서 입금했어요.
그런데 2주일이 지나도록 택배가 안 오더라고요.
배송 사고가 났나 싶어 연락하려고 보니
카톡 프로필도 사라졌고, 중고 거래 앱에서도
아이디가 사라졌더라고요. 연락이 안 돼요.
사기당한 건가요? 힘들게 모은 돈이 이렇게
한순간에 날아가다니 믿기지 않아요.
어떻게 해야 할까요?

저도 지원이와 유사한 경험이 있어요. 중고 거래 플랫폼에서 스마트 워치를 저렴하게 사려다가 사기를 당했답니다. 얼마나 속상하던지요. 왜 제대로 알아보지 못했을까 자책하게 되더라고요. 이 경험으로 지원이와 저뿐 아니라 정말 많은 사람이 이런 일을 겪는다는 걸 알게 됐어요. 이럴 땐 어떻게 해야 하는지, 또 중고 거래를 할 때 어떤 점을 주의해야 하는지 함께 알아봐요.

직거래니까 만나서 물건 보고 결정하자는 생각, 이것도 위험할 수 있어요. 보통 직거래는 택배 거래보다 안전할 거라고 여기는 경우가 많아요. 거래 현장으로 가서 물건을 확인한 뒤에 돈을 주면 된다고 생각하니까요. 그런데 이 점을 악용하는 사람들이 있어요!

제가 당했던 사기 수법을 이야기해 볼게요. 스마트 워치가 수면의 질도 체크해 주고, 여러 편리한 기능이 있다길래 사고 싶었어요. 새 걸 사려니 가격이 40만 원가량 했습니다. 비싼 것 같아 망설이고 있다가 중고 거래 플랫폼에서 찾아봤죠. 미개봉 새 제품을 판매하는 게시물이 몇 건 있더라고요.

검색한 것 중에 판매자 위치도 멀지 않고, 빠르게 거래할 수

있겠다 싶은 걸 골랐어요. 게시글에 제품 스펙이 적혀 있고, 사
진상으로는 매우 깔끔했습니다. 미개봉 제품이라서 뜯지 않은
상자째로 사진이 찍혀 있었죠. 가격은 25만 원으로 정가보다 훨
씬 저렴했어요. 연락처와 카톡 아이디를 보고 카톡으로 구매 의
사를 밝혔습니다. 판매자의 프로필에는 아기를 안고 찍은 가족

의 모습이 있었어요. 단란한 가족의 느낌이라 더 신뢰가 갔죠.

판매자는 구매 가능하다고 금방 답을 보내왔습니다. 그는 S전자 직원이라면서 명함과 사원증도 사진으로 찍어 보내왔어요. 자신이 직원 몰에서 상품을 싸게 구매할 수 있는 거라면서요. S전자 기흥공장에서 일하는데, 그쪽으로 와서 연락하면 물건을 가지고 나오겠다고 하더군요.

저는 퇴근 후 기흥으로 갔어요. 6시 무렵이었는데, 퇴근 시간이다 보니 차도 좀 많고 복잡했어요. 그래도 스마트 워치를 싸게 구매할 수 있다는 생각에 기쁘게 달려갔습니다. 도착해서 카톡을 남기자 판매자는 일이 끝나지 않아서 거래 장소에 나올 수 없다면서 계좌번호를 보내왔어요. 그 계좌로 입금하면 다른 직원이 물건을 가지고 약속 장소로 나갈 거라면서요. 그럼 그 직원에게 물건을 받은 뒤에 돈을 보내겠다고 했더니, 입금이 확인돼야 상품을 출고할 수 있다며 선입금을 요구했어요.

지금 생각하면 정말 이상한 일인데, 당시엔 뭐에 홀린 듯 그렇게 하게 되더라고요. 입금부터 해야 물건을 가지고 나올 수 있다고 하니까요. 돈을 보낸 뒤 메시지를 보냈습니다. 입금했으니 물건을 가져다달라고요. 그런데 그 후로 아무런 이야기가 없는 거예요. 연락처로 전화를 해 보니, 연결할 수 없는 번호라는 안내가 흘러나왔어요. 아차 싶었습니다. 말로만 듣던 중고 거래 사기에 걸려들다니, 억울하고 속상했죠.

전화도 안 받고, 메시지로도 연락이 안 되니 답답했어요. 중고 거래 플랫폼에 다시 들어가 봤더니 같은 판매자가 올린 똑같은 글이 또 올라와 있었어요. 그 글에 저처럼 구매하고 싶다고 댓글을 단 사람이 있었습니다. 저는 그 사람에게 쪽지를 보내 이 게시물이 사기 글인 것 같다고 알려 줬죠. 그랬더니 저처럼 당했다며 자신에게 쪽지를 보낸 사람이 몇 명 더 있다고 하더라고요.

동일한 사기를 당한 사람끼리 단톡방을 만들어 대화해 보니 사기범의 수법이 정말 똑같더군요. 구매하려고 했던 사람들은 모두 공장 근처로 갔고, 물건을 받기 전에 입금했고요. 그들도 직거래니까 처음에는 저처럼 물건을 확인해 보고 입금할 생각이었다고 해요. 보통 택배로 거래할 때는 여러 각도에서 상품 사진 찍어 보내 달라고 요청하는 등 사전에 확인 과정을 거치곤 하는데 직거래니까 굳이 그러지 않았다는 거죠. 그런데 결과적으로 물건을 받지 않은 상태에서 먼저 입금했으니, 직거래가 아니게 된 거예요!

저를 포함한 여러 사람이 왜 입금부터 하게 됐을까 생각해 봤어요. 퇴근 시간에 거래 장소까지 찾아가느라 시간과 비용을 들였잖아요? 이렇게 어떤 일에 대해 비용을 들이면 그게 '아까워서' 판단이 흐려지는 경우가 많아요. 사기범은 사람들의 이런 심리를 이용하는 거죠. 직거래를 유도해 거래 성사 전에 사진 등으로 꼼꼼하게 확인하는 단계를 건너뛰게 만들고, 시간과 비용을 들여 거래 장소까지 찾아오게 한 다음 물건값을 입금하지 않으면 나오지 않겠다고 해서 돈을 보내게 하는 수법을 쓰는 거예요.

직거래라고 해도 거래하러 가기 전에 확인할 수 있는 부분은 꼼꼼하게 챙기는 게 좋아요. 영상통화 등으로 상대방과 상품을 확인하는 방법도 있을 거예요. 또한 판매자가 직거래 장소에서 선입금을 요구한다면 절대로 응하면 안 됩니다.

구매자에게는 판매자인 척, 판매자에게는 구매자인 척 속이는 이중 사기도 있습니다. 어떻게 이런 일이 가능하냐고요? 제 친구는 중고 거래 플랫폼에서 명품 핸드백을 구매하려다가 사기를 당한 적이 있습니다. 판매한다는 게시글을 보고 댓글로 구매 의사를 밝혔고, 판매자에게서 쪽지가 왔대요. ○○ 은행 계좌로 입금해 달라고요. 그러면서 입금됐는지 확인해야 하니까 입금 후 바로 연락을 달라고 하더래요. 친구가 입금 후 메시지를 보내니 물건을 발송하겠다고 답도 왔다고 합니다.

이후 3주가 지나도록 물건이 오지 않아서 판매 게시글에 있던 연락처로 문의했더니, 연결되지 않더래요. 댓글로 연락을 시도하려고 다시 중고 거래 플랫폼에 들어가 보니 판매 게시글은 이미 사라진 뒤였습니다. 입금했던 내역이 있으니 친구는 그 기록을 증거로 제출하면 될 거로 생각하고 경찰서에 신고했다고 합니다. 경찰서에서는 제 친구가 입금한 통장의 주인에게 연락했고요.

그런데 연락을 받고 경찰서에 온 통장 주인은 어리둥절해했답니다. 자신이 판 건 스마트폰인데, 명품 핸드백은 도대체 무슨 이야기냐면서요. 친구는 이 사람이 거짓말하는 거라고 생각했는데요. 수사해 보니 사기범이 아닌 걸로 밝혀졌다고 합니다. 대체 어떻게 된 거냐고요?

사기범이 중간에서 제 친구와 스마트폰을 판매한 사람을 모두 속였던 거였어요. 이처럼 구매자와 판매자를 동시에 속이는 이중 사기가 있다고 합니다. 세 사람을 A, B, C로 가정하고 이야기해 볼게요.

A: 중고 거래로 스마트폰을 판매한 사람

B: 중고 명품 핸드백을 사고자 한 친구

C: 사기범

판매자 A가 중고 거래 플랫폼에 스마트폰을 판다고 게시글을 올렸습니다. 사기범 C는 명품 핸드백을 판다고 올렸어요. 명품 핸드백을 사고 싶었던 B는 C에게 물품을 구매하고 싶다고 했습니다. 그러자 C는 A에게 연락을 취해서 스마트폰을 사겠다고 하고, A의 계좌번호를 받은 거죠.

사기범 C는 구매자 B에게 판매자 A의 계좌번호를 알려주며 입금하라고 합니다. 그리고 입금됐는지 확인해야 하니 입금 후 바로 연락을 달라고 했죠. B로부터 입금했다는 연락을 받은 C는 A에게 연락해서 입금했다고 한 거예요. 그럼 A는 C에게 물건을 보내게 되는 거죠.

그 후 C는 연락을 끊어 버린 겁니다. A는 돈을 입금받아서 피해를 보지 않았지만, B는 사기를 당한 거죠. C는 스마트폰을 공짜로 얻었고요. 이렇게 이중으로 속이는 사람이 있다니 놀랍습니다.

중고 거래로 물건을 살 때뿐 아니라, 내가 판매할 때도 사고자 하는 사람에 대해 확인해 봐야 합니다. 상대방이 카톡을 사용하고 있다면, 카톡 아이디 실명 확인 등을 해 보면 좋을 거예요. 자칫 사기범에게 물건을 보내고 사기범으로 오인당할 수도 있으니까요. 실명 확인 방법을 바로 안내할게요!

보통 사기범들은 실명을 사용하지 않기 때문에 카톡에서 실명 인증을 해 두지 않아요. 상대가 실명 인증을 안 했다면 좀 더 살펴보고 거래에 신중해야 합니다(물론 사기범이 아니라도 실명 인증을 안 한 경우도 있어요).

상대방의 카톡 아이디가 실명 인증된 것인지 알아보는 방법을 알려 드릴게요. 송금 기능을 이용한 방법이에요. 상대방의 아이디나 연락처로 친구 추가를 한 후, 친구 목록에서 그를 선택하세요. 선택해서 들어온 화면에서 상단 우측에 있는 '₩' 아이콘을 클릭하세요. 이 아이콘을 누르면 카톡 친구에게 송금하는 화면으로 이동합니다.

상단 중앙에 등록된 프로필 사진과 이름이 보이고, '이*나'와 같이 이름 가운데 '*'가 포함된 실명을 확인할 수 있습니다. 친구 송금에서 보이는 실명은 상대방이 송금 기능을 이용하기 위해 카카오페이에서 인증한 이름으로, 본인이 임의로 변경할 수 없어서 신뢰성이 높습니다.

하지만 이름의 가운데 글자가 *로 표시되어 있어서 전체 이름을 확인하기 어렵다는 단점이 있긴 하죠. 상대방이 송금 기능을 이용한 적이 없어서 '실명이 확인되지 않은 사용자'라고 표시

되면 어쩔 수 없고요.

프로필 변경 화면에서 실명을 확인하는 방법도 있긴 합니다. 그런데 이건 본인이 바꿀 수 있기 때문에 신뢰도가 높지 않아요. 하지만 첫 번째 방법과 함께 확인하면 이름 가운데 *로 표시된 글자를 알아볼 수도 있어요. 카톡 친구 목록에서 상대방을 선택

합니다. 프로필 이름 우측에 있는 연필 모양 버튼(프로필 이름 변경 아이콘)을 클릭해서 프로필 변경 화면으로 이동합니다.

프로필 이름이 보이고, 그 아래에 '친구가 설정한 이름'에서 실명을 확인할 수 있어요. 프로필 변경 화면에서 보이는 친구가 설정한 이름은 카톡을 설치한 후 본인이 변경해 두지 않았다면 보통 실명으로 보입니다. 간혹 상대방이 다른 호칭으로 변경해 뒀다면 이 방법으로는 확인이 어렵긴 해요. 첫 번째 방법의 보조 수단으로만 이용하시길 권해요.

Q4. 핸드폰 번호, 이름, 계좌번호가 사기에
이용된 적 있는지 확인하는 방법이 있어요?

① 더치트에서 조회하기

핸드폰 번호, 이름, 계좌번호가 사기에 활용된 적 있는지 검색할 수 있는 '더치트'라는 앱이 있어요. 2006년부터 사기 피해 사례를 모아서 정보를 제공하고 있습니다. 이 앱에서 핸드폰 번호,

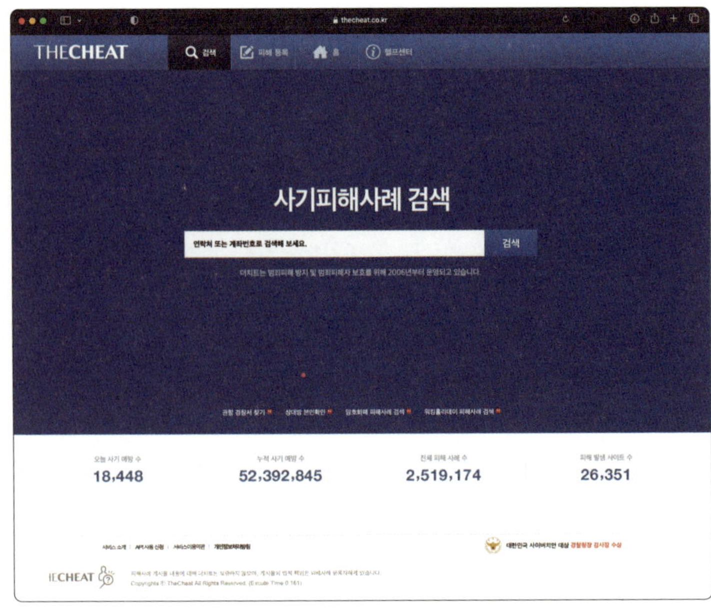

금융 사기 방지 서비스를 제공하는 더치트

이름, 계좌번호 검색이 가능해요.

핸드폰 번호랑 계좌번호만 조회 가능하다고 알고 있는 경우가 많은데, 이름으로도 조회할 수 있어요. 물론 동명이인도 있으니 이름을 조회했을 때 사기에 이용된 적이 있다는 결과가 나온다고 반드시 사기범인 건 아니죠. 하지만 더 신중할 수는 있을 거예요.

오늘부터 머니 챌린지!

② 카카오페이에서 확인하기

카카오페이 앱에서도 더치트에 등록된 계좌번호를 무료로 조회할 수 있답니다. 카카오톡 모바일 앱을 실행하고, 'Pay' 아이콘을 누르면 카카오페이 서비스로 이동합니다. [전체] 메뉴를 누른 후에 아래로 스크롤해서 [편의] 탭에 있는 [계좌 지킴이]를 실행해 보세요. 오른쪽 상단의 [사기 신고 검색] 탭을 누른 후 상대방의 계좌번호 또는 연락처를 입력하면 확인할 수 있습니다.

그런데 여기서 이름 검색은 안 되거든요. 로그인 하는 게 귀찮더라도 더치트 앱을 이용해서 핸드폰 번호, 계좌번호, 이름을 모두 확인해 보시길 권합니다. 아이폰은 더치트 앱에서 이름 검색이 불가능해요. 아이폰의 경우, 앱 하단의 [MY] 탭에서 웹 로그인 클릭 후 PC 버전으로 사용할 때 이름을 검색할 수 있습니다.

③ 네이버 검색과 중고나라 불량 거래 게시판 확인하기

네이버 검색도 추천합니다. 검색창에 핸드폰 번호, 계좌번호, '이름+사기'를 함께 검색해 보세요. 전화번호와 계좌번호는 '-' 없이 숫자를 모두 붙여서 검색하고, 이름은 '이○○ 사기'라고 '이름+사기'를 검색하면 됩니다.

이와 더불어 중고 거래 카페 중고나라에는 불량 거래 공유 게시판이 있는데요. 여기서도 계좌번호, 이름, 핸드폰 번호를 검색해 보세요! 계좌번호나 핸드폰 번호가 사기에 이용된 적이 없다고 해도 안심해서는 안 됩니다. 사기범들이 계속해서 다른 계좌번호와 핸드폰 번호를 이용하는 경우가 많거든요. 특히 모임 통장 개설과 해지를 반복하면서 새로운 계좌번호를 만들어 이용하는 일이 많다고 하네요.

④ 토스의 사기의심 사이렌과 안심보장제

중고 거래 시 토스 앱으로 송금하는 것도 좋아요. 토스뱅크 계좌가 없어도 앱을 설치해서 사용하는 주 계좌를 연결해 놓으면 됩니다. 사기범들은 토스뱅크에서 입금하는 걸 꺼리는 경우가 많다고 하는데요. 토스에서는 송금하는 계좌가 사기 계좌로 신고된 계좌가 아닌지 조회해서 알려 주는 서비스를 제공하고 있거든요. '사기의심 사이렌'이라고 해서 송금 전 경찰청과 더치트에 등록된 계좌와 연락처 이력을 바탕으로 사기 의심 여부를 파악해서 알려 주는 거예요.

토스뱅크는 '안심보상제'도 시행하고 있습니다. 토스로 송금한 금융 사고에 대해서는 내부 절차를 거쳐 손해 금액의 일정 부분을 보상받을 수 있어요. 토스 앱으로 사기의심 사이렌 경고가 나오지 않은 계좌로 송금했는데 사기를 당하면, 1회에 50만 원까지 안심보상(온라인 쇼핑몰 사기 및 일부 품목은 제외)을 받을 수 있습니다. 중고 거래 시 토스 앱으로 송금했는데 피해를 당한 경우, 사기당한 날로부터 15일 이내에 토스 안심보상을 신청하고 필요한 서류를 토스에 접수하세요. 보통 한 달 내에 보상받을 수 있다고 합니다.

⑤ 선불폰인지 확인하기

핸드폰이 선불폰인지 여부를 알아보는 것도 한 방법이에요. 사기범들이 선불폰을 이용하는 경우가 많기 때문입니다. 선불폰 여부를 확인하는 방법은 수신자 부담 전화를 걸어 보는 건데요. 1633을 누르고 상대방 번호를 입력한 뒤 #버튼을 누르면 됩니다.

이때 "상대방 사정으로 인해 연결할 수 없습니다"라는 안내가 나오고 연결이 불가능하면 선불폰일 가능성이 높아요. 사기범이 아니라도 선불폰을 쓸 수 있지만, 이런 안내가 나온다면 좀 더 조심할 수 있겠죠.

① 송금인의 이름을 바꿔서 넣어 달라

사기범들의 수상한 행동을 몇 가지 이야기해 볼게요. 제가 사기당했을 때, 지금 생각해 보면 수상한 점이 있었어요. 송금인 이름을 이○○로 바꿔서 입금해 달라고 했거든요. 법인세 감면 때문이라면서 말이죠. 그러면서도 현금영수증을 발행해 주겠다는 이야기도 했습니다.

그런데 생각해 보면, 법인세를 감면하려고 한다는 이야기는 세금을 덜 내려고 꼼수를 쓰겠다는 건데, 현금영수증을 발행해 준다는 게 말이 안 되잖아요. 판매자가 현금영수증을 발행하면 세금을 내야 하니까요. 당시엔 급한 마음에 그런 생각을 못 했던 것 같아요.

사기 조직이 송금인의 이름을 바꿔서 넣어 달라고 하는 이유가 뭘까요? 입금 계좌가 대포 통장이고, 조직원들이 함께 사용하는 경우가 많다고 합니다. 통장에 이○○으로 입금된 건 누구 몫이고, 김○○으로 입금된 건 누구 몫이라고 그들끼리 정해 둘 수가 있겠죠.

② 미개봉 새 제품인데 가격이 저렴하다

사기당했다고 하는 사연들을 보면 판매자가 S전자 직원 등을 사칭하는 일이 많습니다. 제게도 그랬지만, 사진으로 명함과 사원증을 보내 주는 경우가 많대요. 아마 명함과 사원증을 제시하면 더 신뢰를 얻을 수 있어서가 아닐까 싶어요. 조직적으로 사기를 치는 사람들이니 명함이나 사원증을 가짜로 만드는 건 어렵지 않은 일일 거예요. 그러니 명함이나 사원증을 보여 준다고 해서 '아, 이 사람은 진짜 S전자 직원이구나' 하고 믿으며 안심하면 안 됩니다.

S전자 직원을 사칭하는 사람들의 경우, 공장이 있는 용인시 기흥이나 전라도 광주, 본사가 있는 수원시 영통 등으로 오라고 하는 일이 많다고 해요. 직거래하자고 하면서요. 구매자와 먼 지역에 있다고 이야기하며 택배 거래를 유도하기도 하지만요.

사기범 입장에서 직거래하자고 할 때의 장점은, 상대방이 '만나서 물건을 보고 확인한 뒤 결정하면 된다'라고 생각하게 만들 수 있다는 거예요. 구매자가 사전에 제품을 꼼꼼하게 확인하지 않게 되는 거죠. 앞서 이야기했듯이, 구매자가 시간과 비용을 들여서 사기범이 이야기하는 직거래 장소까지 왔다면 입금 확률은 무척 높아집니다. 구매자 입장에서는 멀리까지 왔는데 입금해야 판매자가 물건을 가지고 나온다고 하니까 들인 시간과 노력이 아깝다고 생각하게 되고, 판단력이 흐려지면서 입금하는 경우가 많거든요.

또 사기범들은 미개봉 새 제품이라며 유인하는 수법을 쓰곤 합니다. 미개봉 제품이면 구매자에게 박스 사진만 보여 주면 되니까요. 박스 포장을 뜯어서 제품을 보여 달라고 할 수는 없잖아요. 미개봉 제품인데 싸게 판다고 하는 건 좀 더 꼼꼼하게 확인해 봐야 합니다.

③ 통화를 거부한다

사기범들은 보통 댓글이나 카톡 혹은 오픈 채팅 등으로만 이야기하고, 통화는 꺼리는 경향이 있습니다. 자신의 목소리를 알리고 싶지 않은 거예요. 중고 거래를 할 때 미리 영상통화를 하자고 제안해 보면 좋아요. 사기범들은 목소리와 얼굴을 상대에게 보이고 싶어 하지 않을 테니까요.

영상통화로 가지고 있는 제품을 보여 달라고 요구하세요! 요즘은 AI를 이용해 영상통화까지 속이는 딥페이크 사기도 있으니, 영상통화도 100% 안전하다고는 할 수 없어요. 음성 통화나 영상통화할 때도 혹시 수상한 점은 없는지 잘 살펴보세요.

④ **가짜 안전 거래**

　사기범들은 가짜 네이버페이나 유니크로 등 가짜 안전 거래 링크를 보내기도 합니다. 안전 거래 링크를 클릭했는데 배송지를 등록하라고 나오면 사기예요. 정상적인 안전 거래에서는 결제 전에 배송지 정보가 이미 등록된 상태거든요. 안전 거래 링크에서 결제 화면에 입금해야 할 은행이 정해져 있는 것도 사기예요. 정상적인 안전 거래는 구매자가 입금할 은행을 선택하도록 돼 있습니다.

　네이버페이는 예금주가 '네이버페이'고, 유니크로는 예금주가 '유니크로'예요. 만약 네이버페이인데 예금주에 '이○○ (주)N페이' 등으로 네이버페이 외에 다른 게 붙어 있는 경우, 유니크로인데 예금주에 '(유니크로) 박○○ [유니크로에서 발행한 가상계좌]' 등으로 '유니크로' 외에 다른 게 붙어 있으면 사기입니다.

Q6. 해킹이요? 평소에 뭘 조심해야 하죠?

　제가 사기당했던 사례를 이야기하면서, 사기범의 카톡 프로필 사진이 아기를 안고 있는 가족의 모습이었다고 했던 거 기억하죠? 어여쁜 아기 사진을 보면 뭔가 더 안심하게 되잖아요.

　이 역시 사기범들이 자주 쓰는 수법이라고 합니다. 사기 조직은 여러 개인의 핸드폰을 해킹해서 그 정보를 이용하는데, 해킹한 핸드폰에 들어 있던 사진을 자기 프로필 사진으로 쓰는 거예요. 특히 신혼부부 사진, 아기와 함께 있는 가족사진 등을 이용하는 일이 많다고 하네요. 이런 사진이 사람들의 의심을 덜 사기 때문이겠죠.

여러분 혹시 핸드폰에 신분증 사진이나 통장 사진이 있지는 않나요? 그렇다면 정말 위험합니다. 사기범들이 해킹한 핸드폰에 들어 있던 신분증을 위조해서 사용하기도 하고, 통장은 대포통장으로 쓴다고 하니까요. 핸드폰에 이런 정보가 포함된 사진이 저장돼 있다면 얼른 삭제하세요! 구글, 네이버 등 계정을 해킹하는 경우도 있으니, 드라이브나 구글 포토에도 신분증이나 통장 사진은 저장해 두지 마시고요.

추가로, 사기범들은 중고 거래 플랫폼 계정도 해킹한다고 해요. 중고 거래 플랫폼마다 '매너 온도'나 '신뢰 지수'처럼 판매자가 믿을 만한 사람인지 안내하는 표시가 있잖아요? 이것도 그대로 믿을 수가 없는 거예요. 중고 거래 플랫폼에서 판매했던 내역이 많고, 좋은 기록이 남아 있다고 하더라도 이것 자체가 해킹에 의한 것일 수 있음을 염두에 두고 완전히 신뢰해서는 안 됩니다.

중고 거래에서 사기를 당했을 때는 꼭 신고하세요. 더치트에 신고하고, 사이버범죄 신고시스템(ECRM)을 이용하거나 고소장을 작성해서 경찰청에 등기로 보내세요. 중고 거래 사기는 보이스 피싱이나 다른 사기에 비해서 한 건당 피해액이 적은 경우가 많은데요. 사기범들은 이런 점을 이용해서 비슷한 패턴으로 계속 사기를 칩니다. 신고가 많을수록 사기범을 잡는 데 도움이 되겠죠?

더치트 앱에 들어가서 하단의 [피해 사례 등록] 탭을 누르면, 자신의 사례를 등록할 수 있습니다. 그러면 다른 사람들이 계좌번호, 이름, 연락처를 검색해서 이 정보가 사기에 이용된 적이 있는지 확인할 수 있도록 도울 수 있어요.

피해를 끼친 사기범을 고소하고자 할 때는 경찰청에 고소장을 보내면 됩니다. 경찰서에 직접 가서 신고하는 방법이 있지만 추천하지 않아요. 경찰서 창구에서 사건을 접수해 수사를 바로 진행하기도 하지만, 접수하는 직원이 검토한 후 상담하는 수사관에게 넘기기도 하거든요. 담당 수사관마다 다르기는 하지만, 수사관 선에서 접수를 막는 경우도 빈번하다고 하네요.

제 경우도 그랬는데요. 제가 만났던 담당 수사관은 "이거

100% 대포 폰이랑 대포 통장이에요. 찾을 가능성이 거의 없어요. 피해액이 25만 원 정도니까 사회 경험 한 번 했다 치고 잊어버리시는 게 나아요. 집에 가서 푹 쉬시면서 잊으세요"라고 하더라고요. 당시 수사관님은 본인의 수사 경험에 근거해서 이렇게 말씀하신 걸 수 있죠. 또 피해액이 크지 않으니까 이런 사건보다는 좀 더 큰 사건에 수사력을 집중하고자 하신 걸 수도 있습니다.

그러나 사기범들이 이런 상황을 악용한다면 중고 사기 피해 건수는 점점 더 늘어나지 않을까요? 앞으로 더 일어날지 모를 범죄를 예방하기 위해서라도 신고와 수사를 위한 노력이 필요합니다.

내 신고가 반드시 사건으로 접수되도록 하는 방법을 알려 드릴게요. 고소장을 적어서 등기로 경찰서에 발송하면 됩니다. 등기가 도착하면 정식으로 사건을 접수할 수밖에 없거든요. 고소장 양식은 경찰민원포털 홈페이지에 올라와 있어요.

고소장을 우편으로 보낸 후, 정식으로 접수가 되면 사건 접수 번호가 부여됩니다. 그 이후엔 '고소 보충 조사'라는 걸 거치게 돼요. 고소 보충 조사는 말 그대로 고소한 내용에 대해 보충 조사하는 걸 말해요. 고소한 사람을 경찰서로 불러서 더 필요한 사항에 대해 질문하는 거죠. 필요한 증거가 있으면 이에 대해 이야기를 나누고, 제출 가능한 증거들을 수사관에게 보내면 됩니다.

상황마다 다르지만 일반적으로 필요한 추가 서류에는 중고 거래 플랫폼이나 카톡 등에서 채팅한 내용, 판매자에게 입금한 은행 입출금 내역, 신분증 등이 있습니다. 채팅 내용은 한글 프로그램에서 타이핑한 파일이 아니라, 채팅 원본을 캡처한 이미지가 들어간 문서가 필요해요. 캡처한 이미지를 순서대로 삽입해서 문서로 만들어 제출하면 됩니다. 판매자에게 입금한 은행 입출금 내역은 은행 홈페이지에 로그인해서 입금한 당일 출금 내역을 인쇄하면 되고요. 중고 거래한 후 물건을 받고 모든 상황이 종료될 때까지는 채팅 내용을 지우지 마세요!

중고 거래 사기의 피해자들이 사기범 정보와 사기 수법을 공유하는 네이버 카페가 있어요. 카페 이름이 '사기나라'예요. 중고 거래 사기를 막고자 하는 사람들이 여기에서 정보를 공유하고 있습니다. 계속 업데이트가 되고 있으니 확인해 보면 도움이 될 거예요. 마지막으로, 지금까지 살펴본 중고 거래를 할 때 유의할 점을 다음 페이지의 체크리스트로 한 번 더 확인합시다.

1. 상대방의 계좌번호, 핸드폰 번호, 이름 등이 사기에 이용된 적 있는지 확인하자.
   (더치트, 네이버, 중고나라 불량 거래 게시판에서 확인할 수 있다)

2. 직거래라고 해서 안심하지 말자.

3. 내가 판매자일 경우에도 사기당할 수 있다. 구매자 정보도 확인하자.

4. 상대방의 계좌가 모임 통장이라면 좀 더 주의하자.
   (모임 통장은 단기적으로 사용하고 계좌번호를 새로 만들 수 있다)

5. 카카오톡 실명 인증이 돼 있는지 확인하자.

6. 중고 거래 송금 시 토스 앱을 이용하자.
   (사기의심 사이렌, 안심보상제가 있음)

7. 거래 전 영상통화를 통해 물품을 보여 달라고 요청하자.

8. 명함, 사원증, 물품 동영상 모두 조작 가능함을 잊지 말자.

안전한 중고 거래를 위한
지식을 획득했다면?
오늘의 미션 완료!
축하합니다.

성인이 되면 달라지는 금융 생활 11가지

START

THE MONEY CHALLENGE
LEVEL
07

SUCCESS

성인이 되면 할 수 있는 금융 생활 알아보기

가끔 어른이 되면 어떻게 살아갈지 미래를 그려 보시나요? 우리가 지금까지 알아본 금융 상식이 앞으로의 삶에 든든한 보탬이 될 거예요. 스무 살을 코앞에 둔 여러분의 선배 현서는 달라질 금융 생활에 어떤 것들이 있는지 궁금하다고 하네요. 😊

선생님, 이제 고등학교 졸업하면 선거도 할 수 있고,

운전면허도 딸 수 있고, 또…… 남친도 생기겠죠?

설렘 못지않게 두려움도 커요.

스스로 결정해야 하는 일이 많아지고 그만큼

책임도 늘어날 테니까요. 부모님과 떨어져 혼자

대학교 근처에서 생활할 예정이거든요.

성인이 되면서 달라지는 금융 생활엔 어떤 게

있나요? 다음 달부터 과외 알바도 시작해요.

알바로 버는 돈은 얼마나 쓰고 얼마나 모아야

하는지 궁금해요. 또 모은 돈을 어떻게 불려야

하는지도요. 성인이 되면 할 수 있는 금융 생활의

모든 것, 하면 좋은 것들을 알려 주세요!

성인이 되면 금융 생활의 선택지가 늘어납니다. 결정에 대한 책임 또한 자신의 몫이니, 앞으로 내가 할 수 있는 금융 생활에 어떤 것들이 있는지 차근차근 알아보기로 해요.

1. 혼자서 내 명의의 핸드폰을 개통할 수 있어요

만 14세가 넘으면 본인 명의로 핸드폰을 개통할 수 있어요. 이때는 보호자 동의를 거쳐야 해서 부모님 신분증, 본인 신분증을 제시해야 합니다. 주민등록증은 만 17세 이상부터 발급되므로 그 이전에는 여권 등으로 신분증을 대체할 수 있어요. 또 가족관계증명서도 필요합니다.

우리나라에서 성인은 만 19세 이상을 말해요. 만 19세가 넘으면 자신의 신분증만으로 본인 명의의 핸드폰 개통이 가능하죠. 만약 부모님 명의의 핸드폰을 쓰다가 성인이 되어 본인 명의로 바꾼다면, 그동안 부모님 명의를 인증하고 쓰던 앱들은 다시 계정을 만들어 사용해야 한답니다.

2. 혼자서 비대면 계좌 개설도 가능해요

만 14~18세 청소년은 부모님의 본인 인증을 거쳐서 비대면 계좌를 개설할 수 있죠. 성인이 됐고 본인 명의의 핸드폰이 있으면, 은행이나 증권사에 방문하지 않아도 모바일로 간편하게 계좌를 만들거나 인터넷 뱅킹 서비스를 이용할 수 있어요. 미성년자 비대면 계좌 개설은 2023년 4월부터 가능해졌는데요. 여러 은행과 증권사에서 도입 중이지만 아직 모든 금융 회사에서 실시하는 건 아니어서 원하는 곳이 있다면 확인해 봐야 해요.

3. 신용카드를 발급받을 수 있어요

신용카드는 오직 성인만 발급받을 수 있습니다. 성인이면서 신용 점수가 일정 수준 이상이어야 하고, 일정 금액 이상의 가처분소득이 있어야 하죠.

가처분소득이란 소득 중에서 본인이 소비로 지출할 수 있는 금액을 말해요. 전기세나 월세처럼 매월 나의 수입에서 꼭 써야 하는 돈을 제외하고 남는 돈이라고 생각하면 쉬워요. 신용 카드사마다 요구하는 가처분소득 수준은 다른데, 성인이 됐어도 소득이 없는 경우 원칙적으로 신용카드 발급이 어렵답니다.

신용 점수는 0~1,000점 사이에서 정해지는데요. 신용 평가 기관인 KCB와 NICE에서 여러분의 신용 정보를 바탕으로 점수를 매겨요. 앞서 성인이 돼야 비로소 신용 정보가 쌓이기 시작하고,

처음에는 600~700점 정도부터 시작한다고 이야기했었죠? 신용 점수 데이터가 없으면 신용카드 발급이 어렵기 때문에 자신이 냈던 공과금 영수증을 신용 평가 기관에 제출하거나 하나의 체크카드를 6개월 이상 꾸준히 사용해 신용 점수를 올려 보세요.

성인이 된 뒤에도 한동안은 체크카드를 사용하는 걸 추천해요. 돈을 적절히 쓰는 습관이 자리 잡지 않았을 때는 내 계좌에 들어 있는 돈만큼만 쓸 수 있는 체크카드가 안전한 소비 생활을 하도록 돕기도 하고, 신용 데이터도 차곡차곡 쌓아 줄 테니까요.

신용카드 사용할 때 주의할 점

아직 신용 점수가 부족해 신용카드 발급이 어려워도 체크카드는 발급받을 수 있어요. 요즘은 10대 때부터 체크카드를 쓰는 경우가 많죠. 성인이 돼 새로 만들 때는 본인 신분증과 체크카드에 연결할 통장만 있으면 돼요.

신용카드는 지금 당장 카드와 연결된 통장에 돈이 없더라도 자신의 신용카드 한도액까지 결제가 가능하죠. 결제일은 생각보다 성큼 다가오기 때문에 '다음 달 알바비 받으면 갚아야지' 하면서 쉽게 쓰면 정말 큰코다칩니다.

휴머니스트 청소년문고 곰곰

Z세대를 위한
지금 여기의 교양!

세종도서
교양부문
선정도서

한국출판문화
산업진흥원
청소년 추천도서

대한출판문화협회
올해의
청소년도서

국립어린이
청소년도서관
사서 추천도서

학교도서관저널
추천도서

곰곰

진로를 고민하는 청소년들, 여기 주목!

12명의 직업인이 언젠가 일터의 동료가 될 청소년에게 들려주는 다정하고 생생한 일 이야기. 데이터과학자, 임상심리학자, 동물트레이너, 플로리스트 등 각 직업을 목표로 한다면 참고가 될 구체적인 내용을 담았다.

내일은 내 일이 가까워질거야

김시원 외 지음 | 236쪽 | 16,700원

학교도서관저널 추천도서 | 책따세 추천도서 | 책씨앗 추천도서
(사)행복한아침독서추천도서

#진로 #직업 탐색 #꿈과미래

기후위기 시대에 진로를 고민하는 너에게

기후위기 시대를 살아갈 십 대를 위한 진로 탐색 인터뷰집. 건축가부터 IT 개발자, 패션 디자이너, 기자 등 다양한 일터에서 지구 환경과 지속 가능성을 고민하고 해결방안을 모색하는 직업인의 이야기를 들어본다.

좋아하는 일로 지구를 지킬 수 있다면

김주온 지음 | 272쪽 | 16,700원

환경부 선정 우수환경도서 | 학교도서관저널 추천도서 | 책씨앗 추천도서
(사)행복한아침독서 추천도서 | 환경정의 올해의 청소년 환경책

#진로 #직업탐색 #기후위기 #녹색일자리

하루라도 늦어지면 그게 바로 '신용카드비 연체'거든요. 연체가 발생하면 이자도 함께 발생해 내가 쓴 돈보다 돈을 더 내야 할 뿐만 아니라 신용 점수에도 악영향을 준다는 걸 한 번 더 강조하고 싶어요. 신용카드 사용과 더불어 핸드폰 소액 결제도 조심해야 하고요.

신용 점수가 낮으면 은행에서 정말 꼭 필요한 돈을 빌려야 할 때 빌리기 어렵고, 빌릴 수 있다고 해도 높은 이자율을 적용받게 되니 미리 신용 점수를 관리해 두는 건 필수 상식이에요!

4. 마이데이터 서비스를 연결하고 활용할 수 있어요

'마이데이터 서비스'라는 말을 들어 봤나요? 마이데이터란 나의 개인정보를 한곳에 모아 직접 관리할 수 있게 하는 서비스예요. 내 데이터의 주인은 나니까 나에 관한 정보를 언제, 누구에게, 어느 범위까지 공유하고 이용하게 할 것인지 스스로 결정하자는 취지로 시작됐죠.

자주 쓰는 금융 앱에서 금융 정보 연동에 동의하고 마이데이터 서비스를 이용하는 사람들이 많습니다. 예를 들어, ○○은행

소비 분석
주식 투자
카드
결제일 체크
My
Data

앱에서 마이데이터 서비스를 연결했다면 앞으로 ○○은행 앱에 접속할 때 다른 은행, 카드사, 증권사 등 금융사에 흩어져 있는 나의 정보를 한눈에 확인할 수 있어요. 언젠가 잘 안 쓰는 통장에 넣어 두고 깜빡한 돈을 발견하는 재미도 쏠쏠하답니다.

그뿐만 아니라 카드 결제일, 적금 이체되는 날, 대출 이자 내는 날 등 금융 생활에서 그때그때 확인해야 할 일들도 한눈에 보여 줘요. 나의 자산과 소비를 분석해 주기도 하고, 내게 필요한 금융 상품을 추천해 주기도 합니다. 만약 주식에 투자하고 있다면 각 증권사에서 투자한 종목과 수익률까지 확인할 수 있고요. '내 손안의 금융 비서'라는 별명을 가진 마이데이터 서비스를 이용하면 돈을 규모 있게 관리하는 데 도움이 될 거예요.

5. 본격적으로 근로계약을 맺고 일할 수 있어요

성인이 되면 청소년의 알바와 많은 것이 달라져요. 먼저 부모님 동의서와 가족관계증명서 없이 독자적으로 근로계약을 맺을 수 있어요. 만 15세 이상 18세 미만 청소년은 하루 7시간, 일주일에 35시간까지 일할 수 있지만 성인이 되면 하루 8시간, 일주일에 40시간까지 일할 수 있고요. 청소년은 밤 10시~새벽 6시 사이에는 일할 수 없지만 성인이 되면 이 시간에도 일할 수 있습니다.

시간제로 알바할 때도, 온전히 취업할 때도 일을 시작하기 전에 근로 계약서는 반드시 작성해야 해요. 미리 계약서를 작성하지 않으면 부당하게 해고당하거나 이미 일을 했는데 돈을 못 받은 상황에서 불리하게 작용하니 꼭 작성해야 한다는 사실, 이미 알고 있죠? 근로 계약서를 두 부 작성해서 사장님과 내가 각각 한 부씩 갖거나, 한 부만 작성했다면 사본을 챙겨야 한다는 사실도 잊지 마시고요!

6. 개인 사업자 등록도 가능해요

요즘은 '10대 사장님'이라는 말이 종종 쓰일 정도로 일찍부터 나만의 일을 시작하는 청소년들이 있죠. 학생일 때 소소하게 용돈벌이로 시작한 일을 성인이 돼 제대로 해 보고 싶을 수도 있어요.

취업할 때 근로계약을 맺는 것처럼 개인 사업을 할 때는 사업자로 등록해야 해요. 미성년자일 때도 사업자 등록은 가능하지만 법정대리인(부모님, 친권자, 후견인 등)이 있어야 합니다. 법정대리인 동의서, 가족관계증명서, 신분증과 함께 납세인 설정 신고서 등의 서류를 준비해야 하고요.

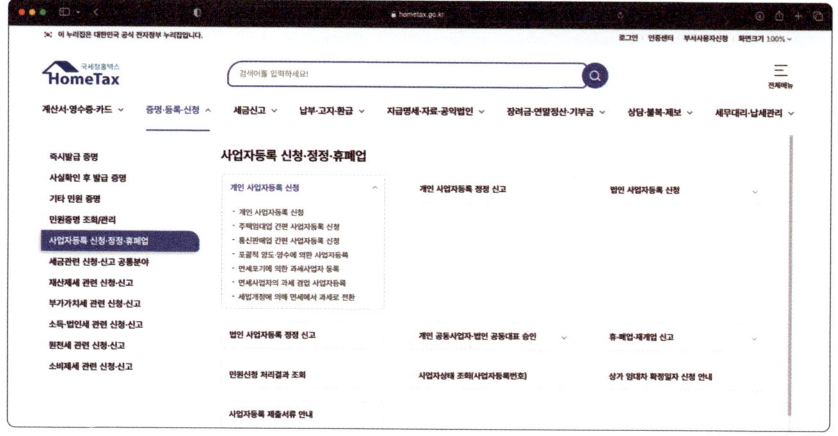

국세청 홈택스

성인이 되면 법정대리인 없이 혼자서 사업자로 등록할 수 있습니다. 개인 사업자 등록은 지역 세무서에 방문하거나 국세청 홈택스 웹사이트에 접속해서 처리할 수도 있어요. 홈택스에서 등록하려면 본인 인증을 위한 공동인증서가 필요한데, 공동인증서는 각 은행이나 포털사이트 등에서 발급받으면 돼요.

공동인증서로 홈택스에 로그인 후 상단 우측에 있는 [전체메뉴] 버튼을 누르면 [증명·등록·신청] 카테고리로 이동할 수 있어요. 여기서 [사업자등록 신청·정정·휴폐업] 카테고리의 [개인 사업자등록 신청(개인)]을 클릭하면 돼요. 인적 사항과 사업자 정보를 입력할 수 있고, 사업 업종까지 선택하고 나면 사업자 등록 완료입니다. 사업을 시작하고 20일 이내에 등록하지 않으면 과태료가 부과될 수 있으니 시작할 때부터 절차를 챙기는 것을 추천해요.

성인이 되면 부동산을 사거나 팔고(매매), 누군가에게 주거나 받고(증여), 누군가에게 빌리거나 빌려주는(임대차계약) 일을 모두 할 수 있어요. 아직 이런 일은 멀게 느껴지나요? 앞으로 부모님 집에서 먼 곳으로 대학교에 다니게 되거나 직장 근처로 이사하고 싶어질 때, 개인 사정으로 독립하는 경우 등 다양한 이유로 부동산 매매 혹은 임대차계약을 할 일이 생길 거예요.

아무래도 처음에는 매매보다 월세나 전세 같은 임대차계약을 하게 되는 경우가 더 많겠죠? 월세와 전세 모두 집과 사무실 등을 빌리는 방식인데요. 월세는 처음에 보증금을 낸 뒤 매월 일정 금액의 비용을 내고 계약 기간이 끝나면 보증금을 돌려받는 방식입니다. 전세의 경우 보증금을 내고 계약 기간 동안 살다가 계약 기간이 끝나면 집주인으로부터 보증금을 돌려받고요.

이렇게 말하면 전세는 왜 매월 집주인에게 돈을 안 줘도 되나 싶어 어리둥절할지도 모르겠네요. 집주인은 보증금을 받아 계약 기간 동안 예금으로 은행에 넣어 두고 이자를 받거나 투자해서 수익을 낼 수도 있어요. 바로 그 이자나 투자 수익만큼이 우리가 집을 빌리는 비용이라고 생각하면 됩니다. 그래서 보통 월세보다 전세일 때 훨씬 큰 금액의 보증금으로 계약이 이뤄지곤 하죠.

월세든 전세든 임대차계약을 하면 동행정복지센터(동주민센터)에 가서 주택 임대차계약 신고를 해야 해요. 30일 이내에 하면 되는데, 계약하자마자 신고하는 걸 추천합니다. 신고해야 확정일자라는 게 부여되거든요. 확정일자는 동행정복지센터가 증인 역할이 되어 주택 임대차계약이 체결됐음을 확인한다는 의미입니다. 계약서에 확정일자가 새겨진 도장을 찍어 주죠.

확정일자를 받아야 공간을 빌린 임차인에게 법적 권리가 생겨요. 만약 문제가 생길 때 이 확정일자의 날짜가 보증금을 돌려받는 우선순위에 적용되거든요. 다시 말해 보증금을 떼이지 않기 위해서 꼭 필요한 절차랍니다.

신고 방법은 간단해요. 임대차계약서와 신분증을 들고 계약한 집이나 사무실이 있는 동네의 동행정복지센터에 방문해서 신고하면 됩니다. 직접 방문이 힘들다면, 부동산거래관리시스템에 접속해서 신고할 수도 있어요.

계약한 집으로 이사했다면 전입신고도 필수입니다. 이사한 날로부터 14일 이내에 신고해야 하는데 이 역시 곧장 하는 것을 추천해요. 새로운 거주지의 동행정복지센터에 방문해서 할 수 있고, 이때는 신분증만 가지고 가면 돼요. 방문이 힘들 때는 정부24 웹사이트나 앱을 통해 신고할 수도 있어요.

정부24

부동산거래관리시스템

8. 청년주택드림청약통장을 만들 수 있어요

성인이라면 본인 소유의 주택이 없고 1년 소득이 5,000만 원 이하일 때 '청년주택드림청약통장' 가입을 고려해 볼 수 있습니다. 2024년 2월에 생긴 제도인데요. 만 19~34세, 무주택자, 연소득 5,000만 원 이하라면 가입할 수 있고, 세대주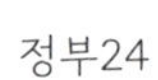가 아니라 부

세대주는 세대의 대표자를 말해요. 주민등록등본에서 가장 위에 표시되고, 세대주 관계에 '본인'으로 나오는 사람입니다. 반면 세대원은 주민등록등본에서 세대주를 제외한 나머지 구성원을 뜻하죠. 세대주가 된다는 건 부모님과 주소를 분리해 나만의 주거지에서 살고 있다는 의미이기도 합니다.

모님과 함께 살고 있어도 가능합니다.

주택청약통장은 새로 분양하는 아파트 등 주택을 사고 싶다고 신청하기 위해서 가입하는 저축 통장이에요. 매월 최소 2만 원에서 최대 100만 원까지의 금액을 꾸준히 넣는 일종의 적금이기도 하고요. 주택청약통장이 있어야 분양 신청을 할 수 있습니다.

보통 분양하는 가격이 주변 집값보다 낮은 경우가 많고 살기 좋은 지역에 새 집을 살 기회이기도 해서 당첨 경쟁률이 높은 편이에요. 꾸준히 청약통장에 돈을 넣은 기간이 길수록, 자기 명의의 집이 없는 무주택자로 살아온 기간이 길수록 청약 당첨 확률이 높아져요. 이외에도 여러 가지 가산점 조건이 있습니다.

청약에 당첨되더라도 보통 수억 원의 집값을 감당해야 하니까 자연스럽게 대출을 고려하게 되는데요. 당첨된 집을 담보로 하는 주택담보대출을 받을 수 있어요. 주택담보대출을 받을 때는 빌리는 돈이 큰 만큼 이자도 많이 내야 한다는 점이 고민될 거예요. 청년주택드림청약통장으로 주택 청약을 받게 됐다면 낮은 이자율로 오랫동안 주택담보대출을 받을 수 있습니다.

2025년 일반적인 주택담보대출의 이자율이 연 4~6%인 데 비해, 주택 분양가의 최대 80% 대출에 이자율 최저 연 2.2%, 상환 기간 최장 40년까지 적용받을 수 있다고 하네요. 예를 들어, 집값이 1억 원이라면 8,000만 원까지 대출해 주고 이자는 8,000만 원의 2.2%를 내면 된다는 거예요. 그리고 이 8,000만 원을 40년 동안 나눠 갚으면 되니 좋은 혜택이죠.

다만 이 혜택은 주택 분양가 6억 원 이하, 주거 전용 면적 85m² 이하인 경우에만 적용돼요. 서울에는 분양가 6억 원 이하의 주택이 많지 않으니 이 점을 유의해서 가입 여부를 결정해야 합니다.

여러분이 성인이 될 때는 이자율이나 상환 기간 등 혜택이 달라질 수도 있어요. 하지만 이런 제도가 있다는 걸 알았으니 꾸준히 관심을 가지고 정보를 활용하면 독립할 때 도움이 될 거예요.

9. 목돈 모으기를 돕는 청년도약계좌에도 가입할 수 있어요

청년도약계좌는 청년들의 자산 형성을 돕기 위해 비과세 혜택, 정부 기여금, 우대 이자율 등의 혜택을 주는 금융 상품이에요. 소득이 있는 만 19~34세 청년만 가입할 수 있답니다. 직전년도 소득을 기준으로 연간 총 급여액이 7,500만 원 이하여야 하고, 매월 70만 원 한도 내에서 5년 동안 자유롭게 납입할 수 있습니다.

이 계좌의 좋은 점은 청년들이 목돈을 모을 수 있게 정부와 은행이 실질적인 혜택을 준다는 거예요. ① 이자소득에 붙는 세금을 깎아 주고(비과세 혜택), ② 내 소득과 납입 금액에 따라 정부가 일정 비율의 기여금을 입금해 주고, ③ 은행이 기본으로 주는 이자에 더해 우대 이자를 줍니다. 이런 혜택들을 환산하면 일반 적금으로 받을 수 있는 이자보다 훨씬 높은 이자를 받을 수 있는 거죠.

돈을 벌기 시작하면 무조건 가입해야겠다고 생각할 수도 있지만, 이 계좌의 만기가 5년 뒤라는 것을 꼭 염두에 둬야 해요. 중도에 해지하면 정부 기여금과 비과세 혜택을 받을 수 없거든요. 사업장 폐업이나 퇴직, 장기 치료가 필요한 질병, 생애 최초 주택 구입 등 여섯 가지 특별 중도 해지 사유에 해당할 때만 해지해도 정부 기여금을 지급받고 비과세 혜택도 받을 수 있어요.

가입 대상은 직전년도 소득을 기준으로 선정한다고 했죠? 따라서 2025년부터 소득이 생기면, 2026년 7월 이후 가입이 가능해요. 정확한 가입 신청 시기와 가입 조건은 서민금융진흥원 웹사이트에서, 각 은행의 청년도약계좌 이자율은 은행연합회 소비자포털에서 확인하세요.

서민금융진흥원 웹사이트 

은행연합회 소비자포털 

학비를 마련하는 방법으로는 알바해서 돈을 모으거나, 장학금을 받거나, 학자금 대출을 받는 등의 방법이 있어요. 이 중 장학금과 학자금 대출에 대해 알아볼게요.

① 장학금 받기

한국장학재단에서는 국가 장학금 제도를 운영하고 있어요. 대한민국 국적으로 국내 대학교에 재학 중인 대학생 중 학자금 지원 8구간 이하면 신청할 수 있어요. 학자금 지원 구간은 가정의 소득과 재산을 고려해서 기초생활수급자와 1~10구간으로 나눕니다. 10구간이 가장 소득이 높은 가구예요. 매년 말 다음 해 학자금 지원 구간 값을 계산해서 발표해요. 학자금 지원 구간 값은 한국장학재단 웹사이트에서 확인할 수 있습니다.

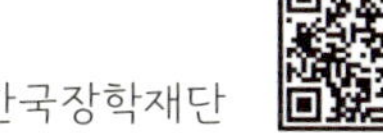

학자금 지원 구간에 따라 정해진 금액을 지원하는 장학금 외에도 다자녀 가구나 지역 인재를 지원하는 장학금도 있어요. 대학생들에게 방학 기간 중 근로 기회를 제공하는 국가근로장학금, 중소기업 취업과 연계된 장학금, 고등학교 졸업 후 직장에 다니면서 대학에 진학하는 학생들을 위한 장학금 등 다양한 지원이 있으니 참고해 보세요. 또 대학별로 지원하는 장학금, 기업이나 공공기관에서 지원하는 장학금도 있으니 각 기관의 정보를 찾아 활용할 수 있을 거예요.

② 학자금 대출받기

학자금 대출도 국가 장학금과 마찬가지로 한국장학재단에서 담당하고 있어요. 현재 시행되고 있는 학자금 대출 제도는 '취업 후 상환 학자금 대출', '일반 상환 학자금 대출', '농어촌 출신 대학생 학자금 융자' 세 가지예요.

취업 후 상환 학자금 대출은 학자금 지원 8구간 이하 대학생에게 등록금과 생활비를 대출해 주고, 취업해서 소득이 생기는 시점부터 소득 수준에 따라서 원금과 이자를 갚도록 하는 제도예요. 일반 상환 학자금 대출은 모든 학자금 지원 구간 대학생과 대학원생에게 등록금 및 생활비를 지원하고, 대출 기간 동안 원금과 이자를 나눠서 갚도록 하는 제도이고요. 농어촌 출신 대학생 학자금 융자는 농어촌 출신 대학생에게 등록금 전액을 이자 없이 대출해 주는 제도입니다.

학자금 대출을 받는 사람들은 대부분 학생이고, 대출하는 시점에는 경제활동 경험이 부족한 경우가 많죠. 금융거래 경험과 지식이 부족해 대출금이 연체되는 등 신용 관리를 제대로 못 하면 나중에 불이익이 생길 수 있으니 주의해야 해요.

일반 상환 학자금 대출을 받은 사람 중 경제적으로 곤란한 사람에게 원금과 이자를 갚는 시기를 미뤄 주는 제도도 있습니다. 또 과거에 높은 이자율로 학자금을 빌렸던 사람에게 낮은 이자율로 전환해 주는 제도도 있으니 잘 알아보고 활용하기를 바라요.

Q11. 워킹홀리데이도 갈 수 있어요

돈을 벌거나 모으는 방법 이야기를 많이 했으니, 잘 쓰는 이야기로 마무리해 볼까요? 혼자 혹은 가까운 사람들과 여행을 떠나 정해진 예산에서 원하는 곳에 돈을 써 보는 건 좋은 소비 경험이에요.

많은 청소년이 성인이 되면 해 보고 싶은 일로 배낭여행을 꼽곤 하죠. 알바비를 조금씩 모아서 그 꿈을 실현하는 경우도 많고요. 새로운 장소에 가서 다양한 걸 보고 듣고 느끼면 시야가 넓어지고 자기 자신에 대해서도 세상에 대해서도 더 많은 것을 알게 되므로 성인이 되는 사람들에게 추천하고 싶은 것 중 하나예요.

한 단계 더 나아가 해외에 나가 돈을 벌면서 여행도 해 보고 싶다면 워킹홀리데이 제도를 이용할 수 있어요. 워킹홀리데이는 관광 취업이라고 부르기도 하는데요. 국가들 간 협정을 맺어 청년들이 방문국에서 보통 1년 정도 자유롭게 거주하면서 취업도 하고, 여행도 하고, 공부도 할 수 있도록 특별히 허가하는 프로그램이에요.

우리나라는 호주, 뉴질랜드, 캐나다, 독일, 프랑스, 이탈리아, 네덜란드, 포르투갈, 스페인, 일본, 대만 등 23개국과 워킹홀리데이 협정을 맺고 있어요. 보통 만 18~30세 청년들을 대상으로 하는데 최근 영국은 만 35세까지로 참가 나이를 올리기도 했답니다. 국가별 워킹홀리데이에 대한 자세한 내용은 재외동포청 워킹홀리데이 인포센터에서 확인해 보세요.

재외동포청 워킹홀리데이 인포센터

지금까지 성인이 되면 할 수 있는 금융 생활을 꼽아 봤는데 어느새 어깨가 무거워졌을지도 모르겠어요. 이전까지는 부모님 동의가 있어야 할 수 있던 많은 걸 혼자 할 수 있게 될 겁니다.

본인 명의 핸드폰 개통, 비대면 계좌 개설, 신용카드 발급, 마이데이터 서비스 연결과 활용, 근로계약 체결, 개인 사업자 등록, 부동산 매매와 증여, 임대차계약······. 이외에도 대부분의 금융 생활을 혼자 결정할 수 있습니다. 독자적으로 결정할 수 있는 권리가 생기는 만큼, 그 결과를 책임지는 사람도 자신이라는 점을 꼭 기억하기를 바랍니다. 인생을 잘 살아가기 위한 여러분의 금융 생활을 응원할게요.

성인이 되면 달라지는
금융 생활을 이해했다면?
오늘의 미션 완료!
축하합니다.

나도 하이브, JYP, SM에 투자할 수 있나요?

START

THE MONEY CHALLENGE
LEVEL
08
SUCCESS

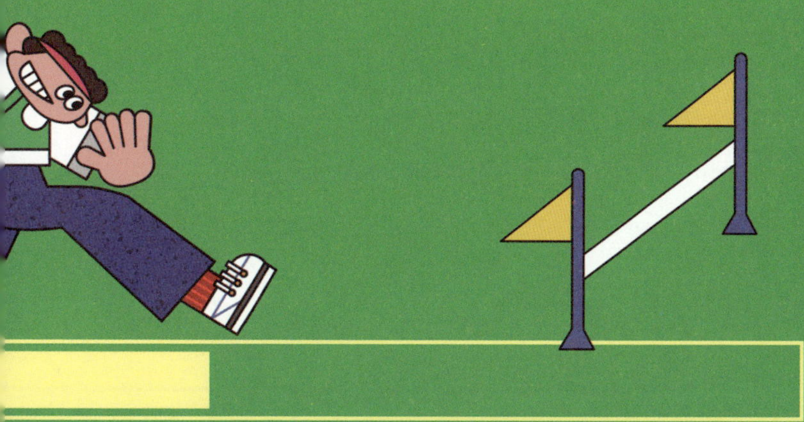

주식 투자의 개념과 투자가 필요한 이유 알아보기

매번 용돈이 부족하다며 울상이던 현아가 고민 상담 후 달라졌습니다. 이제 꾸준히 저축까지 하고 있다고 해요. 금액이 얼마든 그 의지만으로도 칭찬합니다! 돈을 모으는 기쁨을 알게 된 현아는 투자에 관심이 생겨 질문을 해 왔어요. ☺

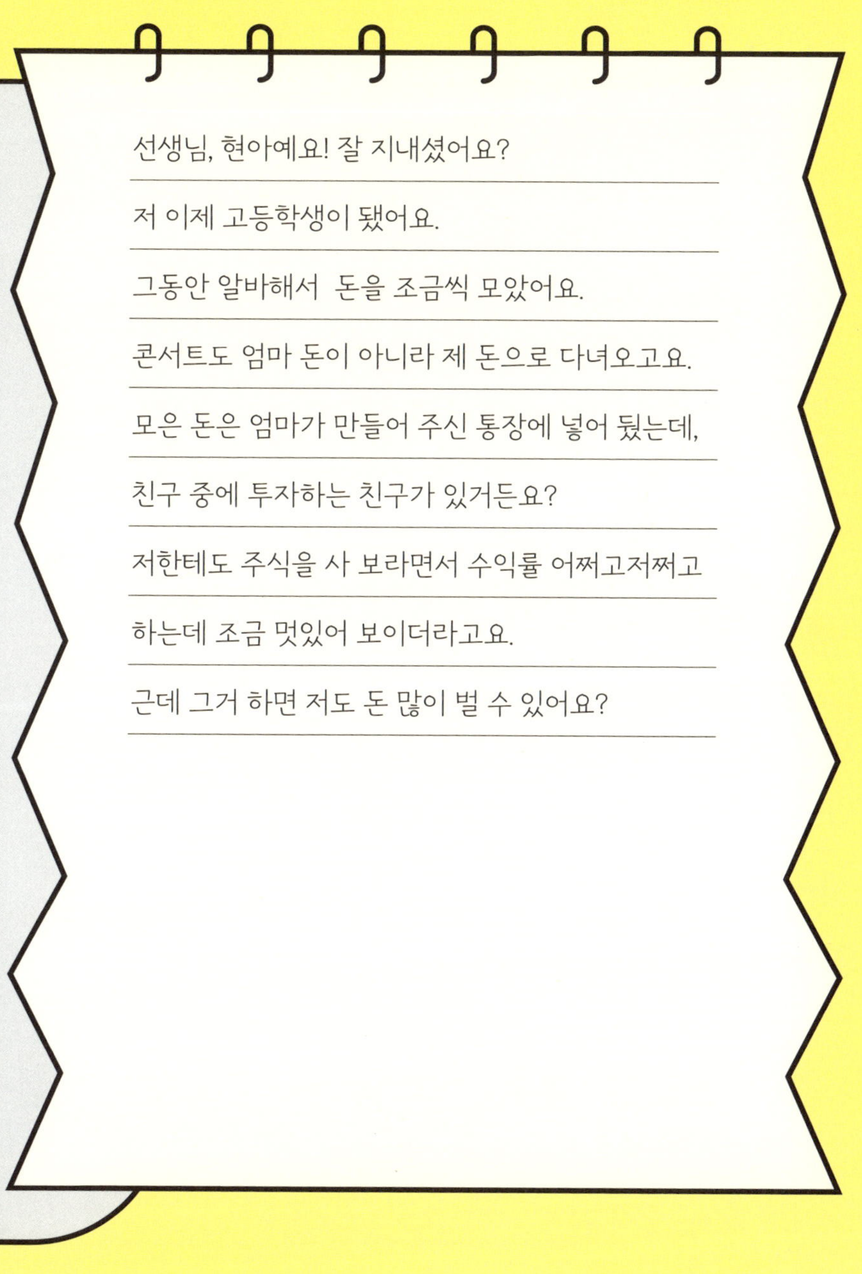

선생님, 현아예요! 잘 지내셨어요?

저 이제 고등학생이 됐어요.

그동안 알바해서 돈을 조금씩 모았어요.

콘서트도 엄마 돈이 아니라 제 돈으로 다녀오고요.

모은 돈은 엄마가 만들어 주신 통장에 넣어 뒀는데,

친구 중에 투자하는 친구가 있거든요?

저한테도 주식을 사 보라면서 수익률 어쩌고저쩌고

하는데 조금 멋있어 보이더라고요.

근데 그거 하면 저도 돈 많이 벌 수 있어요?

"투자를 해 보는 게 좋은가요?"라는 질문에 대한 제 대답은 "네!"예요. "내가 열심히 일해서 돈을 버는 것은 중요하지만, 풍요로운 삶을 위해서는 내 돈이 돈을 벌어 오게 하라"라는 말이 있거든요.

투자를 시작하려면 꼭 알아야 할 사항들도 있고, 투자를 대하는 마음가짐도 중요하죠. 오늘은 우리가 살아가면서 투자가 필요한 이유와 시작할 때 알아 두면 좋을 개념을 함께 살펴보기로 해요.

Q1. 그냥 저축만 하면 안 되나요?

소중한 내 자산의 가치를 지키려면 투자가 필요해요. '투자'라고 하면 사람들은 주식 투자를 떠올리는 경우가 많습니다. 개인 투자자를 개미에 빗대 얼마나 많은 사람이 주식 투자를 하고 있는지 말하기도 하고, 실패한 경우를 예로 들며 주식 투자는 절대 하지 말라고 겁을 주기도 하죠.

주식을 산다는 건 직접 투자이기 때문에 위험성이 큰 일이고, 함부로 뛰어들면 안 되는 것은 맞아요. 하지만 지레 겁먹고 쳐다보지 않을 필요도 없답니다. 내 돈의 가치를 지키려면 투자가 필요하거든요.

예를 들어 볼까요? 금 한 돈이 지금 52만 9,400원이라고 해 봅시다. 금 한 돈을 계속 보유할 수도 있고, 금을 팔아 현금화해서 52만 9,400원을 적금에 넣는 방법도 있죠. 매년 3%인 단리의 금리로 저축해 뒀다고 가정하면 10년 뒤에는 단순 계산으로 이자가 15만 8,820원 붙어요. 꽤 큰 돈이죠?

그런데 그때 금값이 두 배로 뛰었다면 어떨까요? 10년이나 저축해서 원금+이자가 68만 8,220원이 됐는데, 금 한 돈을 그대로 가지고 있었다면 내 자산은 105만 8,800원이었을 거예요. 내가 가지고 있던 현금은 금에 비해 상대적으로 가치가 떨어진 거죠.

주식, 부동산, 금 등의 자산은 언제든 가격이 오르락내리락해요. 경제가 성장하는 한 물가는 꾸준히 오르기 때문에 사람들은 이 자산들의 가치가 계속 오를 거라고 기대하며 투자합니다. 다른 모든 게 오르면 상대적으로 돈의 가치가 떨어지니 내 돈을 여러 곳에 나눠 두는 거예요. 주로 어디에 나눠 두는지는 뒤에서 더 자세히 이야기해 볼게요.

Q2. 언제부터 투자하는 게 좋을까요?

투자가 처음인 청소년이라면 용돈을 모아 적은 돈으로 재테크를 시작하는 경우가 많을 텐데요. 아끼고 아껴 모은 돈이 언제 큰돈이 되나 싶겠지만, 돈은 모으다 보면 어느새 불어나 있곤 한답니다. 적금과 예금을 꾸준히 넣어서 돈을 모으고, 그중 일부를 투자하는 게 일반적이에요.

우리는 이미 복리의 개념을 알고 있죠? 이자 등 수익이 난 걸 빼서 쓰지 않고, 원금과 함께 계속 재투자하면 시간이 흐를수록 빠르게 늘어나는 마법 말이에요. 천재 물리학자 아인슈타인은 복리 효과를 두고 "인류가 발견한 위대한 법칙 중 하나이자 세계 8대 불가사의"라고 말했어요. "복리를 이해하는 자는 돈을 벌고, 그렇지 못한 자는 돈을 지불하게 될 것"이라는 말과 함께요.

투자의 대가인 워런 버핏은 "이자를 재투자하라"를 투자 원칙으로 꼽고 있습니다. 투자 기간이 길어질수록 돈이 늘어나는 효과가 크기 때문에, 관심이 생겼다면 시도해 보고 부딪치며 공부하는 것을 추천해요.

Q3. 투자하기 전에 준비할 것이 있나요?

가장 먼저 투자할 돈이 필요하겠죠? 초기 투자금을 우리말로는 종잣돈, 영어로는 시드 머니(seed money)라고 해요. '어떤 돈의 일부를 떼어 일정 기간 모아 묵혀 둔 것으로, 더 나은 투자나 구매를 위해 밑천이 되는 돈'이라는 뜻입니다. 큰돈을 모아 덜컥 투자하면 위험하니 적은 돈으로 시작해 보세요.

다음으로는 투자를 위한 기본 상식을 알아야 해요. 주식을 살 때는 수많은 주식 종목 가운데 어느 회사의 주식을 살지 결정해야 하죠. 딱 한 주라도 사기로 결심했다면 사는 방법을 알아볼 차례예요.

Q4. 주식이 뭔지 궁금해요

기업이 성장해 가려면 계속 돈이 필요해요. 새로운 사업을 시작하거나, 기계를 새로 마련하려면 돈이 필요하잖아요. 이럴 때 기업은 은행에서 돈을 빌릴 수도 있고, 채권을 발행해서 팔 수도 있어요. 채권은 돈을 빌린다는 내용을 써 놓은 증서예요.

이 두 방법 모두 돈을 빌리는 것이라서 이자를 내야 해요. 기업이 이자를 내지 않고 돈을 마련하는 방법은 바로 주식을 발행해서 사람들의 투자를 받는 것이랍니다. 이자를 내지 않는 대신 주식을 산 사람들에게 회사 일에 관여할 권리를 주거나, 수익을 나눠 주는 거죠.

우리나라를 대표하는 기업이라고 하면 삼성전자를 떠올리는 사람들이 많겠죠? 삼성전자도 주식을 발행한 회사예요. 이렇게 주식을 발행한 회사를 '주식회사'라고 불러요. 현대자동차, 네이버처럼 우리가 알고 있는 큰 회사들이나 연예인들 덕분에 친숙한 하이브, JYP, SM, YG 등도 모두 주식회사입니다.

주식회사의 주식을 산다는 건 그 회사 주인이 되는 거예요. 전체 주식 중 내가 산 주식의 비중만큼 소유권을 갖는 거죠. 만약 주식 100주를 발행한 기업의 주식 10주를 사면 그 회사의 10%가 나의 것이라고 할 수 있어요.

그럼 우리가 하이브의 주인이 될 수도 있을까요? 가능합니다! 하이브의 주식을 사면 돼요. 흔히 투자를 시작할 때는 잘 아는 분야부터 시작하라고 합니다. 여러분이 아이돌이나 K-POP 시장에 관심이 많다면 유명 엔터테인먼트 회사의 주식부터 사는 것도 좋은 방법이에요.

주식을 산 사람을 '주주'라고 부르는데요. 주주는 회사의 주인이기 때문에 회사가 돈을 잘 벌어서 이익을 많이 내면 그 이익의 일부를 나눠 받아요. 이렇게 나눠 받는 이익을 배당금이라고 합니다. 또 회사의 경영 등에 대해 결정하는 회의인 '주주총회'에 참석해서 의사 결정에 관여하는 권리도 갖게 되고요.

주식을 살 때 주식을 발행한 회사에 가서 돈을 낼까요? 그렇지 않아요. 우리가 옷을 살 때 그 옷을 만든 회사에 직접 가서 사지 않고 온라인 쇼핑몰이나 마트, 백화점 등에서 구입하잖아요. 이렇게 물건을 사고파는 곳을 '시장'이라고 불러요. 주식 또한 사고파는 시장이 있습니다. 대표적인 곳이 한국거래소예요.

한국거래소의 옛 이름은 증권거래소였는데요. 예전에는 실제로 그 시장에 가서 종이로 된 주식을 사고팔았어요. TV 프로그램이나 유튜브의 자료 화면에서 복잡한 전광판을 배경으로 종이 주식을 거래하는 모습을 본 적 있을지도 모르겠네요. 지금은 그런 거래 방식은 사라지고 컴퓨터나 스마트폰으로 사고파는 방식으로 바뀌었어요.

내가 주식을 사고 싶은 회사가 있더라도 앞서 말한 대로 그 회사가 주식을 발행한 주식회사여야 해요. 그 회사의 주식이 시장에 등록돼 있어야 하고요. 우리나라의 주식을 거래하는 증권시장은 코스피(KOSPI, Korea Composite Stock Price Index)와 코스닥

(KOSDAQ, Korea Securities Dealers Automated Quotations)이 대표적이죠.

회사 주식을 증권시장에 등록하는 걸 '상장한다'라고 해요. 코스피랑 코스닥은 상장하는 조건이 좀 다른데요. 규모가 큰 대기업이 주로 코스피에, 그보다 좀 작거나 새로 시작하는 혁신 기업들이 코스닥에 들어가는 경우가 많아요. 코스닥 시장에 상장했다가 어느 정도 규모가 커진 다음 코스피 시장으로 옮기기도 하고요.

코스피 시장에는 900여 개의 기업이 그리고 코스닥 시장에는

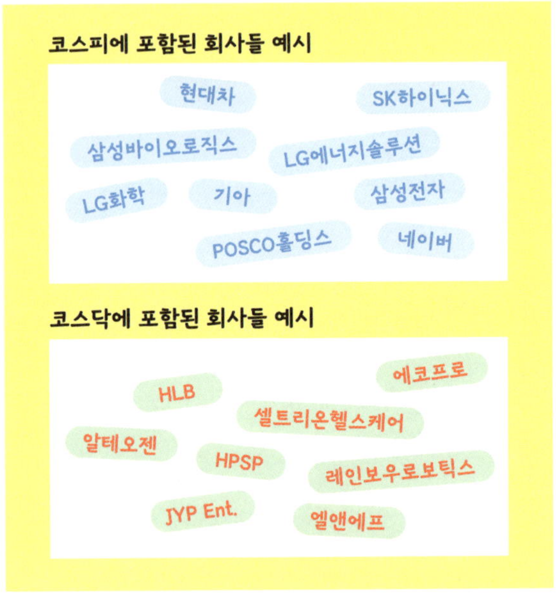

1,000개 이상의 회사가 상장돼 있습니다. 이 수치는 신규 상장 및 폐지 등의 이유로 수시로 변동될 수 있어요.

　뉴스를 보다 보면 '코스피 지수 2000선 붕괴, 3000선 돌파' 같은 표현이 나오곤 하죠? 다음 페이지의 이미지는 2025년 3월 24일 코스피 지수와 코스닥 지수예요. 이때는 코스피 지수가 2,632.07이네요. 과연 무슨 뜻일까요?

　1980년 1월 4일 코스피에 상장된 모든 기업의 시가총액(주식 가격×발행 주식 수)을 100으로 잡고, 그와 비교해 현재 기업들의 시가총액이 얼마나 되는지를 나타내는 수치예요. 시가총액은 '시총'이라고 줄여서 말하기도 하죠.

　코스피 지수가 2,632.07이라는 건 1980년에 비해 현재 코스피에 상장된 기업들의 시가총액이 약 26배라는 뜻이에요. 45년간 2,600%가 넘게 오르다니 대단하죠? '오늘 코스피 지수가 올랐다'는 건 '오늘 코스피에 상장된 기업들 중 상승세인 곳이 많다'는 뜻으로 이해하면 돼요.

　코스피 지수가 계속 오른 것은 아니에요. 1997년 말 외환 위기, 2008년 금융 위기처럼 경기가 좋지 않을 때는 많이 떨어지

기도 했어요. 2010년대에 7~8년간 오르지도 떨어지지도 않고 그대로 머물러 있기도 했고요. 이를 박스 안에 갇혔다는 의미로 '박스피'라고 불렀죠.

코스닥 지수는 1997년 10월 1일을 1000으로 잡고 비교합니다. 2000년대 초 혁신 기업들 호황기에는 2500선까지 간 적도 있어요. 1990년대 말 초고속 인터넷을 연결한다는 기대감에 IT 기업에 돈이 몰렸기 때문이에요. 'IT버블'이라고 부르는데요, 이 거품이 오래가진 못했어요. 2000년대 들어와 버블이 꺼지면서 주가가 가파르게 떨어졌거든요. 지나친 기대감과 낙관으로 돈이 몰렸다가 성과가 그에 미치지 못하면 급격히 빠져나오기 마련인 거죠. 거품이 빠지면서 코스닥 지수는 1000 밑으로 내려왔고, 아직도 기준점인 1997년 10월보다 낮은 800대에 머무르는 날이 많습니다.

Q8. 어떤 주식을 사면 좋을까요?

투자의 대가로 유명한 워런 버핏과 그의 스승인 벤저민 그레이엄은 기업에 대해 분석하고, 좋은 회사라고 판단한 회사의 주식을 저렴한 가격에 산 뒤 오르기를 기다려서 수익을 많이 낸 사람들이에요. 워런 버핏은 특히 "좋은 기업의 주식을 괜찮은 가격에 사라, 모르는 기업에 투자하지 말라"라는 말을 남겼죠.

내가 관심 있는 분야에서 좋은 기업을 고르는 것, 그리고 그 기업의 주식이 내가 사려고 할 때 '괜찮은 가격'인지 판단하는 것, 두 가지를 기억해야 해요. 주식을 살 때 그 회사의 재무 상태가 괜찮은지, 성장 가능성은 어느 정도인지, 얼마나 지속적으로 수익을 낼 수 있는지 살펴보는 거죠. 또 이에 비해 주식의 가격이 지나치게 높게 평가돼 있는 것은 아닌지도 따져 보고요.

하나 더, 수익성이나 성장 가능성뿐만 아니라 회사가 추구하는 가치가 무엇인지도 살펴보세요. 내가 주인이 될 회사가 만들어 내는 상품이나 서비스가 세상에 어떤 영향을 끼치는지도 고려해 보면 좋겠어요.

Q9. 주식 말고 다른 투자는 왜 하는 거예요?

투자와 관련해 "달걀을 한 바구니에 담지 말라"라는 말 들어 봤나요? 만약 바구니를 떨어트리면 달걀이 모두 깨져 버리잖아요. 하지만 여러 바구니에 나눠 담아 두면 한 바구니의 달걀이 깨져도 나머지 달걀들은 무사히 지킬 수 있죠. 바로 '분산투자의 중요성'을 강조하는 비유랍니다.

세상에 존재하는 다양한 자산은 각기 다른 이유로 값이 오르거나 내려요. 경제 위기가 왔을 때 주식가격(주가)은 낮아지는데 채권 가격은 오르기도 하고, 다른 자산은 떨어지고 있는데 금값만 오르는 등 모든 요소를 예측하기는 어렵습니다. 그래서 사람

들은 예금·적금 같은 저축을 하고 주식, 채권, 금, 집과 상가 건물 같은 부동산, 비트코인 같은 암호 화폐에 투자하는 등 다양한 곳에 자산을 분산해 두죠.

이외에도 음악 저작권이나 미술품, 더 나아가 부동산을 조각 내서 투자하는 등 다양한 투자처가 생기고 있습니다. 자신이 좋아하는 분야의 소비자가 되는 것도 좋지만 투자자가 되는 것도 흥미로운 일일 거예요.

투자에는 언제나 손실 위험이 따르기 마련이에요. 특히 고수익이 기대되는 투자일수록 손실 위험도 큰 법이죠. 5년 이내처럼 중단기적으로 써야 하는 돈이 있다면, 투자하기보다 만기가 길지 않은 예금에 넣어 두는 걸 추천해요. 투자 상품은 대체로 변동성이 크니까요. 투자는 당장 필요하지 않은 여윳돈으로 장기적 관점에서 하는 걸 권합니다.

장기적 관점에서 투자할 때는 어떻게 나눠서 투자해야 할까요? 앞서 이야기한 분산투자는 대체 어떻게 하는 걸까요? 또 위험한 기업에 투자하는 걸 피할 수 있는 지표에는 어떤 게 있을까요? 다음 레벨에서는 이에 대해 알아볼게요.

사람들이 투자하는 이유와
주식 투자의 개념을 알게 됐다면?
오늘의 미션 완료!
축하합니다.

A회사 주식에 올인! 왜 안 되나요?

START

THE MONEY CHALLENGE
LEVEL
09

SUCCESS

분산투자를 하는 이유와 방법 알아내기

수익에 대한 기대치가 높을수록 돈을 잃을 가능성도 높다는 걸 알고 있나요? 주식 투자를 시작하려는 지우는 부모님과 대화하며 고민에 빠졌다고 하네요. 😊

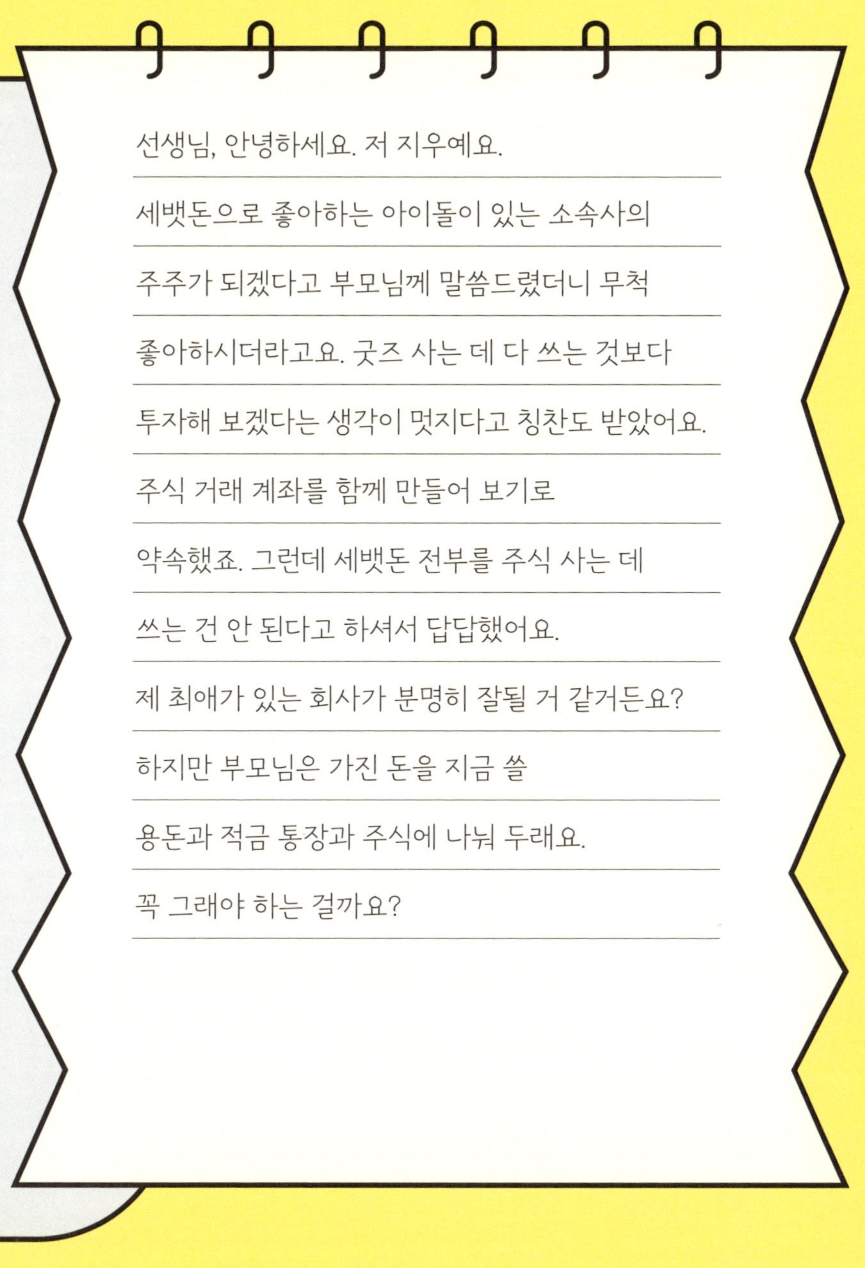

선생님, 안녕하세요. 저 지우예요.

세뱃돈으로 좋아하는 아이돌이 있는 소속사의

주주가 되겠다고 부모님께 말씀드렸더니 무척

좋아하시더라고요. 굿즈 사는 데 다 쓰는 것보다

투자해 보겠다는 생각이 멋지다고 칭찬도 받았어요.

주식 거래 계좌를 함께 만들어 보기로

약속했죠. 그런데 세뱃돈 전부를 주식 사는 데

쓰는 건 안 된다고 하셔서 답답했어요.

제 최애가 있는 회사가 분명히 잘될 거 같거든요?

하지만 부모님은 가진 돈을 지금 쓸

용돈과 적금 통장과 주식에 나눠 두래요.

꼭 그래야 하는 걸까요?

분명 오를 것 같던 주식가격이 떨어지면 수익을 내기는커녕 내가 가지고 있던 돈, 그러니까 투자한 원금도 날리게 돼요. 앞날은 누구도 확신할 수 없으므로 사람들은 분산투자라는 걸 합니다. 위험을 줄이면서 안정적으로 투자하는 방법을 알아볼까요?

> **Q1. 지금 제일 빠르게 오르는 주식에 전 재산을 투자하면 안 되나요?**

세상을 살다 보면 "○○에 투자해서 수익률 몇백 퍼센트가 났다더라"같이 귀가 솔깃해지는 소리를 듣게 돼요. "나만 알기 아까워서 너한테만 말해 주는 건데"로 시작하는 투자 성공담을 들으면, 아무리 가까운 사람이 하는 말이더라도 꼭 이 말을 떠올리세요. "수익률 1위는 언제든 최대 손실 1위가 될 수도 있다."

짧은 기간에 큰 투자 수익을 얻은 사람들은 특정한 곳에 몰아서 투자한 경우가 많아요. 그런데 앞에서 달걀 바구니의 비유를 이야기했었죠? 현실에서 돈을 담는 바구니는 내가 아무리 조심해도 떨어뜨리는 경우가 있거든요.

투자라는 걸 하면서 살아야겠고, 한편으로는 돈을 잃을까 봐 무섭다면 지금부터 설명하는 '투자 포트폴리오(portfolio) 만들기'

를 주의 깊게 살펴보세요. 포트폴리오는 칸이 나뉘어 있는 서류 가방을 의미하는데요. 개인의 투자에서 포트폴리오를 만든다는 건 서류 가방 속 여러 칸에 물건을 담듯, 가진 돈을 여러 분야에 나눠 담는다는 뜻이에요.

Q2. 포트폴리오는 어떻게 만드는 거예요?

지금은 가진 돈이 조금이라서 나눠 두는 게 가능할까 싶을 수도 있어요. 하지만 분명한 것은 한 회사의 주식만 사는 것보다는 여러 회사 주식에 투자하는 게 좀 더 안전하고, 더불어 채권도 사면 더 안전해진다는 거예요.

물론 이것만으로 충분하지는 않아요. 주식, 채권, 금, 달러, 원자재, 현금, 부동산 등 다양한 자산군에 나눠서 투자하는 게 좋죠. 이 자산들의 가치가 같이 오르거나 떨어질 수도 있지만 서로 다른 방향으로 움직이는 경우가 많거든요.

예컨대 주식가격이 올라갈 때 채권 가격이 떨어지고, 달러 가치가 올라갈 때 금 가격이 떨어지는 경우가 많아요. 이렇게 반대 방향으로 움직이면서 장기적으로는 오르는 두 자산을 모두 포트폴리오에 담아 두면, 한 자산의 수익률이 안 좋아져도 다른 자산의 가치가 괜찮아서 안정적인 수익을 낼 수 있습니다.

주식과 채권이 반대로 움직이는 상황을 조금 더 자세히 알아볼까요? 경기가 좋지 않으면 보통 주식가격이 내려가요. 그럼 회사들은 돈을 아끼기 위해서 설비투자를 줄이겠죠. 설비투자는 보통 대출을 받아서 하는 경우가 많은데, 투자를 줄이기로 했으니까 대출을 덜 받겠죠.

그럼 돈에 대한 수요가 줄어들어요. 돈에 대한 수요가 줄어들면 돈의 가격이 내려갑니다. 돈의 가격은 금리, 즉 이자율과 비례하고요. 금리와 채권 가격은 반대로 움직이기 때문에 이렇게 금리가 내려가면 채권 가격은 올라갑니다. 그래서 가진 돈을 주식과 채권에 나눠 투자했다면 주식가격이 내려가서 손해를 보더라도 채권 가격이 올라서 전체 자산 상태는 괜찮을 수 있는 거죠.

경제를 움직이는 요소는 다양해서 예외가 있는데요. 2022년에는 주식가격과 채권 가격이 동시에 내려갔어요. 그때는 어떤 자산의 수익률이 괜찮았을까요? 달러 가치가 높았고, 원자재 가격이 높아졌어요. 이렇게 어떤 자산이 어떻게 움직일지 예측하기는 힘든 일이므로 여러 곳에 나눠 투자하는 분산투자가 중요하죠.

분산투자를 낚시에 빗대어 설명하곤 해요. 어린아이는 물고기를 잡고 싶을 때 냇가에 서서 물고기가 보이면 낚싯줄을 넣어요. 낚시에 노련한 어른은 물고기의 움직임만 눈으로 좇지 않고, 물살의 흐름을 보면서 여기저기 그물을 설치해 둡니다. 시간이 지나면 물고기가 그물에 걸릴 테니 이쪽이 더 수월한 방법이죠. 자산을 배분해 두는 것이 바로 이 그물과 같은 역할을 한답니다.

다양한 자산군에 나눠 투자해서 경제 상황이 어떻게 변해도 자산의 가치를 지킬 수 있는 투자 방법을 '올웨더 포트폴리오(All-weather portfolio)'라고 해요. 계절이 어떻게 변해도, 그러니까 경기의 영향을 상대적으로 덜 받으면서 일정 수익을 낸다는 의미죠. 레이 달리오라는 저명한 투자자가 만든 투자 전략이라서 레이 달리오 투자법이라고도 합니다.

이렇게 분산투자로 나만의 포트폴리오를 만들어 가는 방식이 안전할 수 있지만 수익률은 별로라면, 차라리 예금·적금만 하는 게 편하겠죠? 여러 자료에 따르면 분산투자를 했을 때의 수익률이 안정적이면서도 비교적 높다고 해요. 혁신을 연구하는 심리학자 토니 로빈스는 《머니》라는 책에서 과거 30년간 여러 자산에 나눠 투자했을 때의 수익률을 데이터로 분석했는데, 그 결과 연평균 수익률이 9.72%였어요. 예금·적금의 연 이자율이

3~4%인 것에 비하면 무척 높죠.

30년 동안 연평균이 9.72%이므로 매년 수익률은 들쑥날쑥했어요. 연간 수익률이 마이너스였던 적도 네 번 있습니다. 가장 크게 손해를 본 것은 세계 경제 위기가 있었던 2008년인데 당시 −3.93%의 손실이 발생했다고 해요. 하지만 미국 500개 기업에 나눠 주식 투자만 한 경우는 −37%였다고 하니 그에 비하면 훨씬 적은 손실이었죠.

최근에도 올웨더 포트폴리오는 또 마이너스 수익률을 기록했다고 합니다. 이렇게 경제 전반이 어려울 때는 어쩔 수 없겠지만, 장기간에 걸쳐 안정적으로 꾸준히 내 돈을 불리고 싶다면 다양한 주머니를 만들어 두는 포트폴리오를 잊지 마세요.

주식 투자에서 원숭이와 사람이 대결하면 누가 이길까요? 대체 무슨 소리냐고요? 〈월스트리트저널〉에서 한 실험인데요. 원숭이들에게 기업의 이름이 적힌 공을 여러 개 보여 주고 아무거나 고르게 했어요. 원숭이와 대결할 자산 운용사의 펀드매니저와 개인 투자자 들은 고심해서 투자할 회사를 골랐죠.

1년 뒤, 수익률 1등은 누가 차지했을까요? 놀랍게도 원숭이들이었답니다. 그다음이 펀드매니저, 그다음이 개인 투자자였어요. 주식 투자에서 종목을 선택해 높은 수익을 올리는 게 얼마나 어려운 일인지를 보여 주는 실험이죠.

앞서 자신이 모르는 회사의 주식은 사지 말라고 했던 투자의 대가 워런 버핏 이야기를 했는데요. 버핏조차 손실을 볼 때가 있어요. 그가 이끄는 투자회사 버크셔 해서웨이 주주총회에서 매년 띄우는 편지에는 그의 실수담이 담겨 있다고 합니다.

버핏은 실제로 자신이 잘 아는 회사에만 투자했어요. 주식을 산다는 건 그 회사의 소유권 일부를 사서 주인이 되는 건데, 알지도 못하면서 주인이 될 수는 없다고 했죠. 버핏은 마이크로소프트의 창업자인 빌 게이츠와 절친했지만 IT 분야를 잘 알지 못한다며 마이크로소프트 대신 자신이 즐겨 먹는 제품을 파는 맥도날드와 코카콜라에 투자했다고 합니다.

물론 '잘 아는 기업'이라고 하려면 내가 직접 사용해 친숙한 것뿐 아니라 그 회사의 재무 상태, 성장 가능성, 비전 등에 대해 알아야 해요. 버핏은 매주 8시간 이상 기업에 관해 공부할 게 아니면 개별 주식에 투자하지 말고 시장 전체에 투자하라고 했죠. 시장 전체에 투자하는 방법은 뭘까요? 투자하려는 주식시장에 상장된 모든 기업의 주식을 한 주씩 사면 됩니다.

그런데 우리가 어떻게 모든 주식을 한 주씩 살 수가 있겠어요? 이런 번거로움 대신 시장 전체에 투자할 수 있는 '인덱스 (Index, 지수) 펀드'가 있어요. 이 인덱스 펀드를 주식 개별 종목 처럼 사고팔 수 있게 주식시장에 등록해 놓은 것이 바로 'ETF (Exchange Traded Fund)'예요.

우리나라 주식시장 중 가장 큰 코스피 기억하죠? 이 코스피에 상장된 기업 중 시가총액 1~200위인 기업들의 주식을 담아서 펀드를 만들고, 주식시장에 등록한 것이 '코스피200 인덱스 ETF' 예요. 코스피의 상위 200개 기업의 지수를 따르는 ETF인 거죠.

미국의 주식시장에서는 뉴욕증권거래소가 가장 규모가 커요. 뉴욕증권거래소에 상장된 기업 중 1~500위의 주식을 담아 ETF로 만든 것은 'SP500 인덱스 ETF'입니다. 워런 버핏이 미리 공개한 유언장에 "내 유산의 90%는 SP500 인덱스 펀드에, 나머지 10%는 미국 국채에 투자하라"라고 쓰여 있어 화제가 되기도 했죠.

기업은 새로운 사업을 하는 등 투자에 필요한 돈, 즉 자본금을 마련하기 위해 주식이나 채권을 발행해요. 주식은 그 회사의 소유권을 파는 거라서 주식을 산 사람이 그 비율만큼 회사 주인이 되는 거라고 했죠?

채권은 표시된 금액만큼 채권을 산 사람이 회사에 돈을 빌려주는 거예요. 내가 100만 원을 주고 A 회사 채권을 샀다면, 100만 원을 A 회사에 빌려주는 거죠. 채권은 예금처럼 만기가 있어요. 만기가 되면 원금과 함께 약속된 이자를 돌려받죠. 만기가 1년이고, 이자율이 10%라면 110만 원을 돌려받는 거예요. 물론 회사가 부도나지 않는다면 말이죠!

그러니 부도날 가능성이 낮은 튼튼한 회사의 채권을 사야겠죠? 회사가 얼마나 튼튼한지는 신용 평가사가 평가한 등급을 참고하면 돼요. BBB 등급 이상을 받은 회사의 채권만 투자 대상으로 고려하세요. 정부에서 발행하는 채권도 있는데, 이 경우는 매우 안전한 채권으로 볼 수 있죠.

채권이 예금하고 다른 점은 중도 해지가 안 된다는 거예요. 예금은 중도에 해지가 되잖아요? 중도에 해지하면 약속된 이자의 일부를 못 받긴 하지만요. 채권은 중도 해지가 안 되는 대신, 언제든 사고팔 수 있어요. 그런데 원래 샀던 가격으로 사고파는 건 아니고 사거나 팔려는 때의 가격으로 거래하게 됩니다. 만기까지 보유하면 예금처럼 약속된 원금과 이자를 받지만, 중간에 팔고자 한다면 원금 손실을 보거나 수익을 올릴 가능성이 둘 다 있어요.

채권의 가격은 이자율 변화에 매우 민감해요. 내가 채권을 샀던 시점보다 이자율이 높아지면 채권 가격은 내려가고, 이자율이 낮아지면 채권 가격이 올라가거든요. 특히 만기가 긴 채권의 경우 가격 변동률이 더 크니 조심해야 하죠. 주식가격과 채권 가격은 보통 다른 방향으로 움직이는 경향이 있으니 주식과 채권에 나눠서 투자하면 좀 더 안정적일 거예요.

내 돈을 어디에 얼마나 투자하고 보유할 것이냐는 스스로 결정해야 하지만, 사람들이 어떻게 투자하는지는 참고할 수 있어요. 일반적으로는 20~30년 이상 장기 투자해도 되는 돈을 국내 주식과 해외 주식에 투자하고, 안전 자산으로서 미국 달러, 금, 안전한 장기 채권 등을 일정 비율 보유하라고 합니다. 경제 상황이 안 좋을 때는 주식가격이 내려가곤 하지만, 금이나 달러의 가치는 유지되거나 높아지는 경우도 꽤 있거든요.

금과 달러도 함께 보유하면 좋은데요, 금과 달러 모두 안전 자산이지만 달러와 금 가격은 반대로 움직이는 경우가 많기 때문이에요. 2007~2008년 미국에서 시작된 금융 위기가 전 세계로 퍼졌습니다. 당시 달러 가치는 급격히 오른 반면 금 가격은 떨어졌어요. 미국에서 금융 위기가 발생했는데 달러 가치가 높아지는 게 이상한가요?

미국의 금융회사 등에서 돈이 부족해지면 외국에 투자해 뒀던 주식이나 채권을 팔아 달러를 사려는 경향이 강해져요. 당장 급한 불을 꺼야 하니까요. 달러에 대한 수요가 늘어나는 거죠. 이렇게 위기가 닥쳤을 때 달러를 많이 사려고 해서 달러 가치가 급등하는 일이 많아요. 반면 금은 장기간에 걸쳐 가격이 오르기 때문에 인플레이션●을 방어하는 수단이 됩니다.

또 요즘은 비트코인이나 이더리움 같은 가상 화폐에 투자하는 경우도 있죠. 전쟁처럼 일반적인 금융 시스템을 이용하기 힘든 상황에서도 송금과 출금이 가능한 가상 화폐에 조금씩 투자해 두는 건데요. 가상 화폐는 가격 변동성이 워낙 크다 보니 손실 가능성이 매우 높다는 점도 기억하세요.

Q7. 현금은 이제 필요 없나요?

투자 초보자들의 실수 중 하나가 가진 돈을 모두 투자 자산에 넣는 거예요. 현금을 남기지 않는 거죠. 하지만 일상을 살아가는 우리는 반드시 현금을 일정 비율 가지고 있어야 합니다. 급하게 돈을 쓸 일이 생길 수 있고, 예상하지 못한 좋은 투자 기회가 왔을 때도 현금이 필요하니까요.

각자 처해 있는 상황에 따라 남겨 둬야 하는 현금의 양은 다릅니다. 가까운 시일 내에 쓸 돈은 자유롭게 넣었다 뺐다 할 수 있는 입출금 통장에 넣어 두세요. 이런 자유 예금 상품은 대부분 이자율이 낮지만 그래도 조금이라도 높게 주는 곳이 있는지 은

● 물가가 지속적으로 오르는 현상

행연합회 소비자포털에서 검색해 보면 좋습니다.

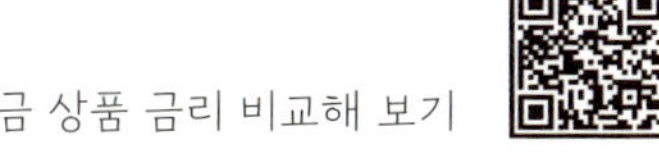

예금 상품 금리 비교해 보기

당장은 아니더라도 수년 내 반드시 쓸 돈이 예정돼 있다면, 필요한 시기를 만기일로 설정해서 정기예금에 가입해 돈을 넣어 두거나 만기가 짧은 채권으로 보유하는 것을 추천해요. 채권의 경우 국가가 발행한 국채나 신용 등급이 BBB 이상인 회사채를 고르는 것 잊지 말고요.

Q8. 한번 나눠 두면 끝인가요?

이렇게 자산을 여러 군데 분산투자를 해 두면 어떤 것은 오르고 어떤 것은 덜 오르거나 떨어지면서 내가 처음에 설정한 자산배분의 비율이 바뀌어요. 제가 처음에 주식 25%, 채권 25%, 금 25%, 현금 25%로 포트폴리오를 나눴다고 가정해 볼게요.

1년 뒤에 살펴보니 주식과 금의 가치가 많이 올라서 주식 35%, 채권 14%, 금 39%, 현금 12%로 바뀌었어요. 이럴 때 '리밸런싱(rebalancing)'이 필요합니다. 리밸런싱은 내가 가지고 있는 자산의 비율을 원래대로 되돌려 놓는다는 의미로 이해하면 돼요.

그렇다면 리밸런싱은 얼마나 자주 하는 게 좋을까요? 시장 상황이 매일 바뀌니까 매일 해야 할까요? 그렇지는 않습니다. 매일 리밸런싱할 각오로 시장을 들여다보면 경제가 안 좋을 때 불안감을 이기지 못하고 팔아 버리기도 하고, 반대로 특정 자산이 올랐을 때 무리해서 사게 되기도 하거든요.

현실적으로 추천하는 리밸런싱은 1년에 한 번이에요. 특정 날짜를 정해 두는 경우가 많은데, 시장에 큰 변동이 생기면 정해 둔 날짜가 아직 오지 않았더라도 체크할 것을 권합니다. 끝으로, 투자의 책임은 자신에게 있음을 잊지 말고 신중하게 투자하자는 말을 전하며 이야기를 마칠게요.

분산투자를 하는 이유와
방법을 알았다면?
오늘의 미션 완료!
축하합니다.

물가는
오르기만
한다고요?

START

THE MONEY CHALLENGE

LEVEL
10

THE MONEY CHALLENGE
SUCCESS

물가가 왜 오르기만 하는지 알아내기

요즘 물가가 참 많이 올랐어요. 채원이는 용돈 빼고 다 오른 느낌이라고 하네요. 어른들도 우스갯말로 "월급 빼고 다 올랐다"라고 말씀하십니다. '물가가 내리면 좀 더 여유로운 생활을 할 수 있을 텐데' 하고 아쉬워하시기도 하고요. 채원이는 물가가 왜 오르기만 하는지 궁금하다고 했어요. 😉

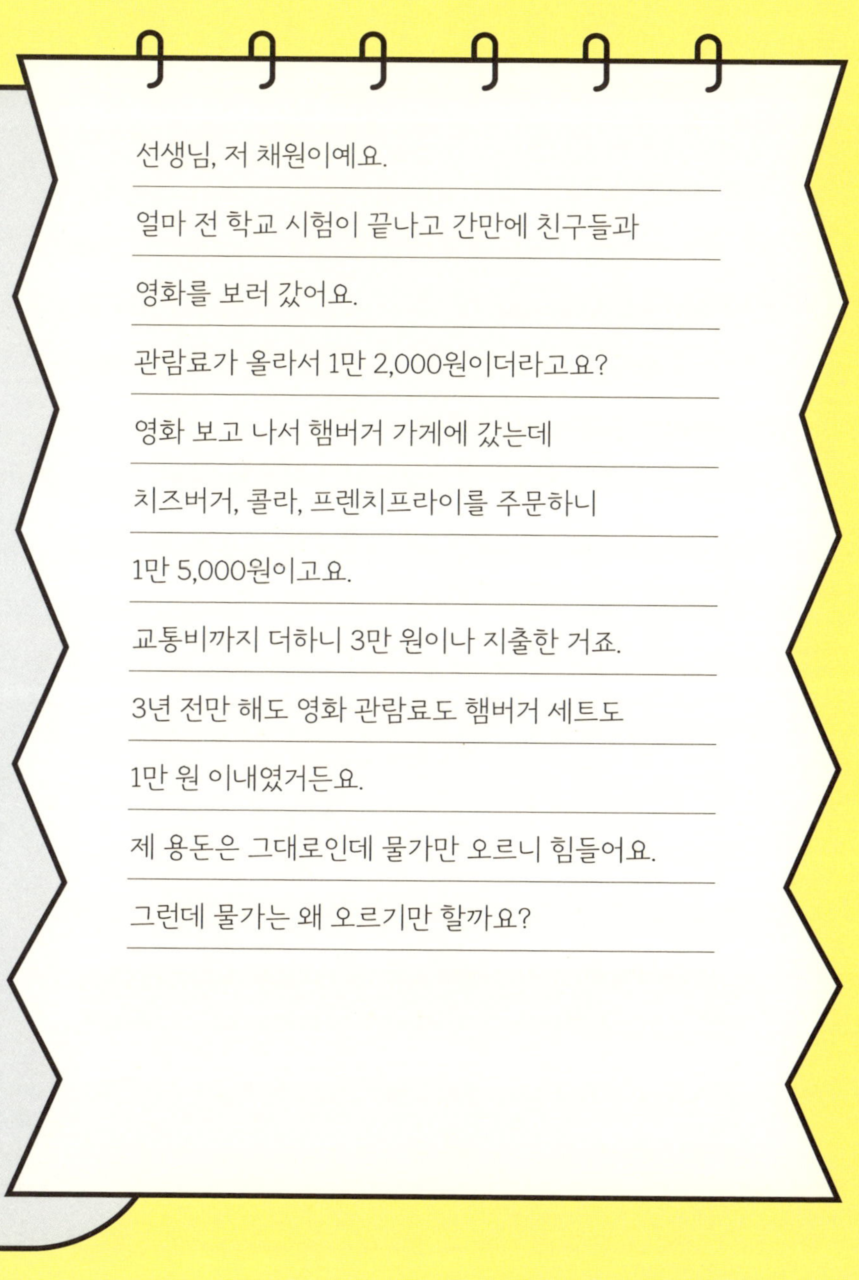

선생님, 저 채원이예요.

얼마 전 학교 시험이 끝나고 간만에 친구들과

영화를 보러 갔어요.

관람료가 올라서 1만 2,000원이더라고요?

영화 보고 나서 햄버거 가게에 갔는데

치즈버거, 콜라, 프렌치프라이를 주문하니

1만 5,000원이고요.

교통비까지 더하니 3만 원이나 지출한 거죠.

3년 전만 해도 영화 관람료도 햄버거 세트도

1만 원 이내였거든요.

제 용돈은 그대로인데 물가만 오르니 힘들어요.

그런데 물가는 왜 오르기만 할까요?

물가, 특히 우리가 접하는 소비자물가는 소비자들이 소비하는 여러 상품의 평균적인 가격 수준이라고 할 수 있어요. 상품의 가격은 수요 공급의 원리에 의해 형성됩니다. 수요가 늘어나거나 공급이 줄어들면 가격이 오르고, 수요가 줄어들거나 공급이 늘어나면 가격이 내려가죠.

그런데 뭔가 이상합니다. 단기적으로 보면 물가가 오르락내리락하지만, 장기적으로 보면 오르기만 하거든요. 30년 전에는 짜장면 한 그릇이 1,000원 정도 했다는 사실, 놀랍지 않나요? 지금은 7,000~8,000원 정도인데 말이에요. 다른 상품들 가격도 대부분 올랐습니다. 그것도 많이요.

우리 사회에서 상품의 공급이 전반적으로 줄었거나, 수요가 엄청나게 늘어나기만 한 걸까요? 왜 이렇게 가격이 오르는지 쉽게 이해가 되지 않습니다. 수요공급의법칙만으로는 물가를 설명할 수 없어요. 계속 오르기만 하는 물가의 비밀, 함께 찾아보기로 해요.

Q1. 물가는 왜 오르기만 하나요?

물가가 오르기만 하는 이유! 바로 돈의 양이 늘어나서예요. 경제가 성장하는 한 돈의 양은 많아질 수밖에 없습니다. 돈의 양이 많아지면, 물건과 비교할 때 돈이 흔해집니다. 돈이 흔해지면 돈의 가치가 떨어져요. 돈의 가치가 떨어지면 돈과 물건을 바꿀 때 돈을 많이 줘야 합니다. 물건 가격이 비싸지는 거죠. 소비자가 사용하는 물건들의 가격이 전반적으로 높아지면 물가가 올랐다고 표현하는 거고요.

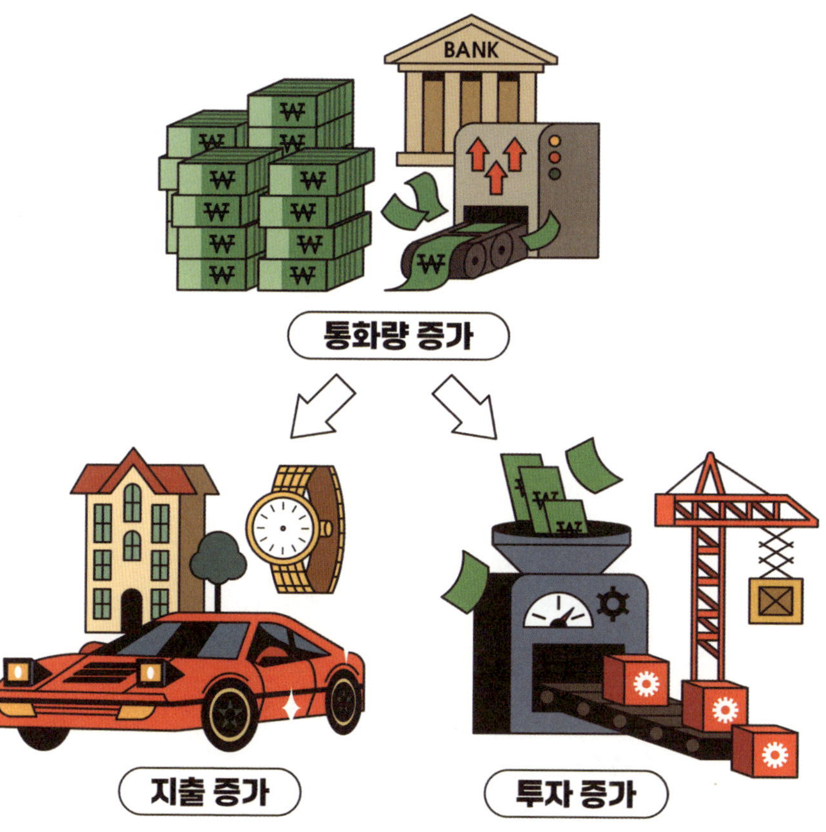

중앙은행에서 가장 이상적이라고 생각하는 물가 상승률은 연 2%입니다. 매년 2%씩 물가가 오르면 36년 뒤에 돈의 가치는 반 토막이 납니다. 올해 물가를 100이라고 할 때 내년 물가는 102고, 다음 해 물가는 104.04예요. 102에서 2%가 높아지는 거니까 104가 아니라 조금 더 오르는 거죠.

계속 이렇게 2%가 높아진 데서 또다시 2%씩 높아진다고 가정하고 계산해 보면 36년 후 물가는 두 배가 됩니다. 만약 물가가 매년 3%씩 오른다면 24년 후 돈의 가치는 절반으로 떨어지겠죠.

경제가 성장하는 한 돈은 계속해서 늘어나기에 물가가 오를 수밖에 없습니다. 대체 왜 경제가 성장하면 돈이 늘어나야 할까요? 경제학자 로저 랭그릭은 그의 논문 〈새로운 천년을 위한 통화시스템(A Monetary System for the New Millennium)〉에서 다음과 같이 설명해요.

외부와 교류하지 않는 외딴섬에 중앙은행과 시민 A, B, C가 있습니다. 중앙은행이 1만 원을 찍었고, A가 그 돈을 빌린 후 1년 뒤에 이자까지 합해서 1만 1,000원의 돈을 갚기로 했습니다(물론 우리 경제에서 중앙은행은 시민과 거래하는 은행이 아니라 시중 은행에 돈을 빌려주는 은행이지만, 단순하게 이렇게 둘게요).

A는 B에게서 농기구를 구입한 뒤 열심히 농사를 지어서 돈을 벌었어요. 그렇다면 A는 1년 뒤에 1만 1,000원을 중앙은행에 갚을 수 있을까요? 절대 갚을 수 없습니다. 이 섬에 있는 돈은 딱 1만 원뿐이니까요. 이자로 내야 하는 1,000원은 어디에도 없습니다. 그럼 어떻게 해야 할까요?

이자를 갚을 수 있는 방법은 하나밖에 없습니다. 중앙은행이 또다시 1,000원을 발행하고 그 돈을 C가 대출해 가는 거예요. 그럼 섬에 있는 돈은 1만 1,000원이 되고, A가 아주 열심히 일해서 섬에 있는 돈을 모두 벌면 1만 1,000원을 갚을 수 있죠.

그런데 여기서 끝이 아닙니다. C는 또다시 중앙은행에 1,000원에 대한 이자를 내야 하는데, 돈이 없습니다. 이때도 방법은 하나뿐이죠. 중앙은행이 돈을 또다시 찍어 내는 거예요.

《달러》의 저자 엘렌 브라운은 "이자와 과거의 대출을 갚을 유일한 방법은 더 많은 대출을 해 주는 것이다. 이 순환이 돈의 양을 증가시키고, 돈의 가치를 떨어뜨린다"라고 말해요. 이자를 갚

《EBS 다큐프라임 자본주의》 51~53쪽에서 재구성, EBS 자본주의 제작팀 지음, 가나출판사, 2013

으려면 돈을 계속 찍어 낼 수밖에 없는 거죠.

각국의 중앙은행은 돈의 양을 조절하고 돈의 가치를 안정시키고자 합니다. 그러나 돈의 양이 늘어나는 속도를 늦출 수 있을지는 몰라도, 돈을 계속 찍어 내면서 돈의 양을 늘릴 수밖에 없어요.

중앙은행에서 돈을 얼마나 찍어 낼지 결정하면 조폐공사에서 인쇄해 발행합니다. 그런데 이렇게 실제로 발행되는 돈은 전체 돈의 양의 극히 일부에 불과해요. 찍어 낸 돈의 양보다 훨씬 더 많은 돈이 지폐가 아니라 숫자 상태로 시중에 돌아다니고 있거든요. 어떻게 이런 일이 발생할 수 있을까요?

중앙은행에서 100만 원을 발행했다고 가정해 보죠. 이 돈을 누군가가 집에 있는 금고에 넣어 두면 돈의 양은 늘어나지 않을 거예요. 우리는 보통 돈을 은행에 넣어 두죠? 100만 원을 은행에 예금하면, 은행에서는 그 돈을 모두 가지고 있지 않아요. 일부만 남겨 두고 나머지는 대출해 주는 데 씁니다.

전체 예금액이 100억 원인데 은행에서 그중 10%인 10억 원만 남겨 둔다고 해 볼게요. 90억 원만큼 사람들에게 대출해 주고, 대출해 간 사람들은 자신들의 통장에 그 돈을 넣어 두고 씁니다. 90억 원만큼의 돈이 사람들의 통장에 잔고로 찍히겠죠? 90억 원을 받은 은행은 그중 10%인 9억 원을 남기고 81억 원은 누군가에게 또 대출해 줍니다. 이렇게 반복되면 돈은 100억+90억+81억+72억+65억+……. 총 1,000억 원이 생기는 거예요.

놀랍지 않은가요? 돈을 맡기고 빌려주는 과정에서 돈이 늘어나는 거죠. 이렇게 예금과 대출이 반복되는 과정을 '신용 창조의 과정'이라고 불러요. 경제에서 '신용'은 얼마만큼 돈을 빌릴 수 있는지를 의미해서 이런 이름이 붙었답니다.

돈이 늘어나는 과정, 무척 간단하죠? 계좌에 숫자로 찍히기만 하면 생기니까요. 우리는 돈이 은행에 있으리라 생각하지만, '이론상'으로만 은행에 있는 거예요. 은행에서 이렇게 예금액을 모두 가지고 있지 않고 대출해 줄 수 있는 이유는 은행에 입금해 둔 사람들이 한꺼번에 돈을 찾으러 올 가능성이 거의 없기 때문이죠.

만약 사실이든 아니든 은행이 부실하다는 소문이 돌아 사람들이 자신의 돈을 모두 찾으려 한다면, 아무리 건전한 은행이라고 하더라도 파산할 수밖에 없습니다. 신뢰로 유지되는 게 은행 시스템이에요.

은행이 불안하다는 소문으로 사람들이 예금을 찾으려고 몰려드는 상황을 '뱅크런(Bank Run, 대규모 예금 인출)'이라고 불러요. 무슨 이유에서든 은행에 대한 불신이 커지면 뱅크런이 발생할 수 있고, 은행은 지급 불능 상태가 되기 쉽습니다. 그래서 여러 국가에서는 은행이 파산해도 일정 금액까지 예금액 지급을 보장하는 제도를 마련해 두고 있어요. 우리나라는 한 금융 회사에서 한 사람당 5,000만 원까지, 미국은 25만 달러까지 보장하고 있답니다.

Q3. 인플레이션 시대엔 베짱이가 개미보다 낫다고요?

물가가 지속적으로 오르는 현상을 '인플레이션'이라고 합니다. 물가가 지나치게 가파르게 오르는 경우 '초인플레이션'이라고 불러요. 《이솝 우화》의 〈개미와 베짱이〉 이야기를 알고 있을 거예요. 개미처럼 열심히 일하고 차곡차곡 저축하는 게 현명하다는 교훈을 담고 있죠. 하지만 인플레이션이 심할 땐 베짱이의 삶이 개미보다 나을 수도 있어요.

개미는 밤낮으로 열심히 일해서 돈을 차곡차곡 모으고, 베짱이는 매일 기타를 치고 노래를 부르며 놀러 다닙니다. 그러던 어느 날 거대한 인플레이션이 찾아옵니다. 1,000원 하던 새우깡이 무려 100만 원이 됐어요. 개미가 차곡차곡 모은 1,000만 원은 고작 새우깡 10봉지면 사라집니다. 반면 베짱이의 기타는 가격이 천정부지로 치솟아 2억 원이 됐습니다.

어쩜 이렇게 불공평할 수 있을까요? 열심히 일한 개미는 가난해지고 맨날 빈둥거린 베짱이가 부자가 되다니요! 인플레이션, 그야말로 소리 없는 도둑 아닌가요? 초인플레이션이 일어나면 열심히 일할 맛이 안 날 거예요. 물가가 오르는 만큼 그에 맞춰 월급도 올라야 하는데, 그렇지 못하니 실질적으로 월급이 깎인 셈이 되니까요.

1만 원짜리 지폐 자체에 절대적인 가치가 있는 것은 아니에요. '1만 원으로 무얼 얼마나 살 수 있느냐'가 그 가치라고 볼 수 있죠. 여러분에게 100조가 있다면 뭘 하고 싶나요? 100조라니, 엄청나게 큰돈이죠? 하고 싶은 걸 모두 원 없이 하고도 남을 돈이란 생각이 들 거예요. 그런데 2008년 짐바브웨에서는 100조 짐바브웨 달러가 고작 달걀 세 개를 살 수 있는 돈이었다고 해요. 이렇게 초인플레이션이 발생하면 돈의 가치가 한없이 떨어집니다.

인플레이션 시대, 저축과 투자 중 뭐가 이득일까요? 1980년대 후반을 배경으로 한 드라마 〈응답하라 1988〉에는 당시 예금 이자율이 떨어져서 '15%밖에' 안 된다고 하는 장면이 나옵니다. 연 이자율이 15%나 되는 예금이라니! 지금과 비교하면 말도 안 되게 높은 거죠. 예금만 해도 부자가 될 수 있던 시대라고 느껴집니다.

바둑 기사인 등장인물이 상금으로 탄 돈 5,000만 원을 두고 주변 사람들이 "예금이 최고다", "부동산을 사는 게 낫다" 등 어떻게 굴리면 좋을지 갑론을박하는 장면도 있어요. "서울 대치동 은마아파트가 5,000만 원인데 이걸 사는 게 어떠냐", "아니, 무슨 아파트가 그렇게 비싸냐" 하는 대화도 나옵니다. 여러분 생각은 어떤가요?

1980년에 평균 예금금리가 24%였는데, 물가 상승률은 30%에 가까웠습니다. 숫자로 찍히는 이자율을 명목금리라고 하는데요. 명목금리가 높다고 해도 물가 상승률이 이보다 더 높다면 실질적인 이자율인 실질금리는 마이너스(-)가 됩니다. 실질금리는 '명목금리-물가 상승률'로 구해지거든요. 물가 상승률을 반영한 금리라고 생각하면 돼요.

이처럼 물가 상승률이 가파를 때, 예금보다는 부동산이나 금 등 실물을 사는 게 이득입니다. 좀 전에 이야기한 드라마를 볼 때 우리는 과거를 보는 셈이니 지금의 가치를 기준으로 "당연히 부동산을 사야지!"라고 할 수 있지만, 사실 현실에서는 그리 간단하진 않죠. 예금은 약속된 이자를 주지만, 부동산이나 주식 투자 등은 얼마의 수익이 날지 확실한 건 아니니까요. 투자에는 위험이 따른다는 점도 감안해 선택해야 해요.

초인플레이션처럼 큰 폭의 변화가 아니더라도 경제가 지속적으로 성장하는 상황에서는 물가가 오르기 마련이죠. 성장해 가는 경제라면, 경기가 좋거나 나쁘기를 반복하며 시장 상황에 변동이 있더라도 장기적으로는 그 나라 기업들의 가치도 평균적으로 높아지기 마련입니다.

따라서 당장 쓰지 않고 장기적으로 둘 수 있는 여유 자금이 있다면, 투자를 선택하는 게 유리할 가능성이 커요. 주식이든 부동산이든 투자한 상품이 매년 꾸준히 이익을 낸다기보다는 등락이 있고, 어느 해에는 손실을 볼 수도 있지만요. 이와 달리 몇 년 내에 써야 하는 자금이라면 투자보다는 예금 등으로 안정적인 저축을 하는 게 좋습니다.

　인플레이션 시대엔 돈의 가치가 떨어지기 때문에 자산을 현금으로 보유한 사람보다 부동산, 주식, 금 등 실물을 보유한 사람이 유리합니다. 또 인플레이션이 일어나기 전에 돈을 빌린 사람이 돈을 빌려준 사람에 비해 유리해요. 예를 들어 볼게요.

　5년 전, A는 B로부터 3억 원을 빌렸어요. 그 돈으로 서울에 있는 아파트를 구입했습니다. 5년 후 돈을 갚기로 약속했죠. 그런데 5년 사이에 집값이 세 배 이상 올라 10억 원이 되었습니다.

　5년이 지난 시점에서 A는 B에게 원금 3억 원에 이자 3,000만 원을 합해 3억 3,000만 원을 갚기로 했어요. A는 아파트 한 채 가치의 돈을 빌려서 갚을 땐 아파트 3분의 1도 안 되는 가치의 돈으로 갚는 겁니다. 돈을 빌려줬던 B는 참 억울하겠네요.

시간이 지날수록 물가가
오르는 이유를 알았다면?
오늘의 미션 완료!
축하합니다.

금리가 변하면 자산 가격도 달라진다고요?

START

THE MONEY CHALLENGE

LEVEL
11

SUCCESS

금리가 자산 가격에 주는 영향 알아보기

포털 메인 화면에는 그날의 가장 중요한 뉴스가 자리를 차지하곤 하죠. 이 자리에 경제 관련 뉴스가 등장할 때가 많아요. 경제 기사에 빠지지 않고 나오는 말 중 하나가 '금리'고요. 채원이는 금리가 왜 이렇게 자주 뉴스에 등장하는지 궁금하다고 해요. ☺

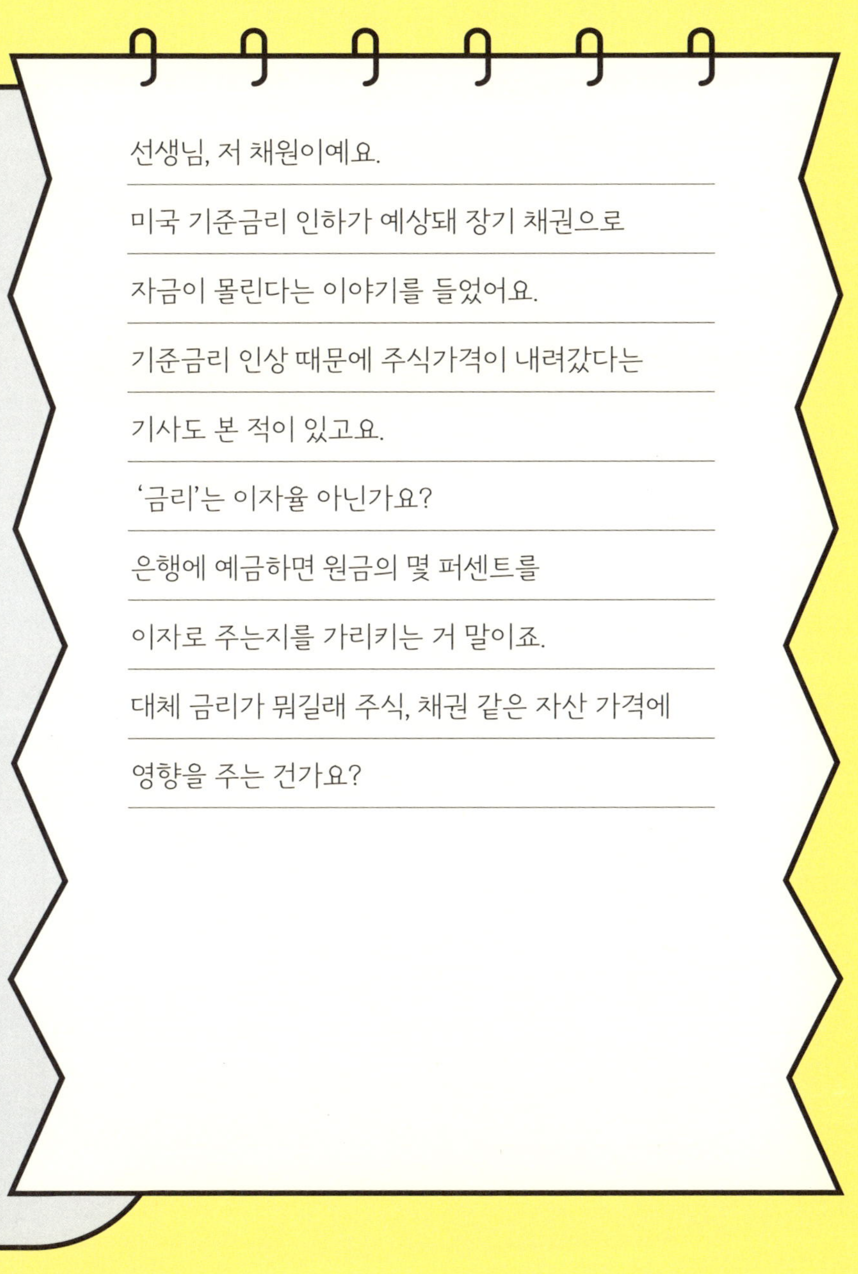

선생님, 저 채원이예요.

미국 기준금리 인하가 예상돼 장기 채권으로

자금이 몰린다는 이야기를 들었어요.

기준금리 인상 때문에 주식가격이 내려갔다는

기사도 본 적이 있고요.

'금리'는 이자율 아닌가요?

은행에 예금하면 원금의 몇 퍼센트를

이자로 주는지를 가리키는 거 말이죠.

대체 금리가 뭐길래 주식, 채권 같은 자산 가격에

영향을 주는 건가요?

금리는 이자율이 맞아요. 예금금리, 대출금리 모두 '기준금리'라는 금리의 영향을 받고, 기준금리는 각국의 중앙은행에서 결정합니다. 금리가 자산 가격에 어떻게 영향을 주는지 좀 더 자세히 알아보기로 해요.

뉴스나 신문에서 이런 기사 제목을 접한 적이 있을 거예요.

"물가·가계 부채 부담에 금리 인하는 아직"
○○뉴스, 2024. 02. 19.

"미국 뉴욕 증시, 금리 하락에 다우-S&P 사상 최고"
☆☆신문, 2024. 01. 30.

"미국 기준금리 인하, 채권 가격 상승 전망에
美 국채로 자금 몰려"
◇◇일보, 2024. 12. 09.

경제 뉴스의 단골손님 금리는 다른 말로 이자율이라고도 하죠. 금리는 '빚' 때문에 발생해요. 우리가 돈을 예금하면 은행에 돈을 빌려주는 셈이에요. 지금 당장 쇼핑하거나 여행하면서 돈을 쓸 수 있지만, 이걸 참고 예금하는 것이니 대가를 받아야 합니다. 그 대가가 이자고요. 예금한 원금에서 얼마만큼의 비율로 이자를 주는지 나타내는 게 예금금리죠.

반대로 지금 당장 돈이 없지만 쓸 돈이 필요한 사람은 은행에서 돈을 빌립니다. 그 대가로 이자를 내야 하는데, 원금에 대해 얼마만큼의 비율로 이자를 갚아야 하는지 나타내는 게 대출금리입니다. 이외에도 다양한 금리가 있어요. 어떤 금리건 금리는 한마디로 돈의 가격이라고 할 수 있죠.

금리가 물가 상승률보다 낮으면 예금하기보다는 실물을 사두고 싶을 거예요. 이때는 예금액이 줄어들고 소비가 많아집니다. 사회 전반적으로 소비가 늘어나면 물가가 오를 수 있어요.

기업들이 새로운 분야로 사업을 확장하거나 기계 설비를 사는 등 투자할 때 자기 자본만 가지고는 힘들어요. 빌려서 투자하는 경우가 많습니다. 금리가 낮으면 이자 부담이 줄어드니 좀 더 적극적으로 대출을 받아 투자가 늘어날 수 있어요.

투자가 늘어나서 회사가 성장하고 이익을 내면, 그 회사에 대한 평가도 좋아지겠죠? 주식회사일 경우 회사의 주식가격도 좀 오를 수 있고요. 이런 과정에서 금리는 물가와 여러 자산 가격에 영향을 미치게 됩니다.

최근 2년 사이 중앙은행의 기준금리 결정이 초미의 관심사로 떠올랐습니다. 미국에서 중앙은행 역할을 하는 연방준비제도나 우리나라 중앙은행인 한국은행에서 기준금리를 발표하는 날은 뉴스가 기준금리 이야기로 도배되곤 하죠.

금리에는 여러 종류가 있지만, 크게 '기준금리'와 '시장금리'로 나눌 수 있어요. 우리가 실생활에서 접하는 예금금리, 대출금리, 채권금리 등은 모두 시장금리예요. 돈을 빌리고 빌려주면서 돈에 대한 수요와 공급에 의해 결정되는 금리죠. 반면 기준금리는 중앙은행에서 정하는 금리입니다.

한국은행은 2021년 8월 0.5%였던 기준금리를 0.25%p 올리는 걸로 시작해 2023년 1월 3.5%까지 인상한 뒤 2024년 8월까지 3.5%를 유지했고, 2025년 5월 기준금리는 2.5%입니다. 2022년

한국은행 홈페이지(https://www.bok.or.kr/portal/singl/baseRate/list.do?dataSeCd=01&menuNo=200643)

에는 한국은행뿐만 아니라 미국의 연방준비제도, 영국, 유럽연합 등의 중앙은행들도 금리 인상에 동참했죠. 미국은 높아진 인플레이션 압력에 대응하기 위해 2022년 초 0.25%였던 기준금리를 불과 1년 6개월 만인 2023년 7월 5.5%까지 대폭 인상한 후 2024년 8월까지 유지했고, 2025년 5월 기준금리는 4.5%입니다.

중앙은행에서 조절하는 기준금리는 초단기 금리예요. 우리가 실생활에서 기준금리를 피부로 느낄 가능성은 거의 없습니다. 그럼 왜 중앙은행은 기준금리를 조절할까요?

기준금리를 올리고 내리면 일상에서 접하는 금리인 '시장금리'에 영향을 주기 때문이에요. 기준금리를 인상하면 대체로 시장금리 상승으로 이어져 은행의 예금금리와 대출금리도 오르게 됩니다.

TRANDING ECONOMICS(https://tradingeconomics.com/united-states/interest-rate)

우리나라의 기준금리는 7일짜리 환매조건부채권(RP)에 적용되는 금리입니다. 환매조건부채권이란 일정 기간이 지난 후 정해진 이자를 덧붙여 다시 사들이고 약정하고 파는 채권을 말합니다.

물가가 오르는 원인은 아주 많아요. 시장에서 수요가 늘어나면 물가가 오를 수 있죠. 사람들이 소비를 많이 하고, 기업들도 기계 설비를 사들이는 등의 투자를 많이 하고, 정부에서 지출을 늘리는 경우도 이에 해당해요.

공급이 줄어도 물가가 오릅니다. 1970년대 석유를 생산하는 여러 나라에서 생산량을 줄이면서 국제 원유 가격이 오르자 물가 상승으로 이어졌어요. 플라스틱, 합성섬유 등 생활 곳곳에 원유가 안 쓰이는 곳이 없으니 원유 가격이 오르면 물가도 오를 수밖에 없죠.

2022년 러시아-우크라이나 전쟁은 국제 에너지 가격과 곡물 가격 상승을 불러일으켰어요. 러시아는 세계적인 석유 수출국이고, 우크라이나는 유럽의 곡창지대라고 불리는 밀 수출국이거든요. 전쟁으로 원유나 밀이 원활하게 공급되지 않으니 국제 유가와 곡물 가격이 올랐고, 이는 다시 전 세계의 물가를 끌어올린 거죠.

돈의 양이 많아져도 물가가 올라요. 장기적으로 볼 때 돈의 양은 꾸준히 늘어날 수밖에 없으니 시간이 흐를수록 물가가 오른다고 이야기했었죠? 이런 경우와 달리 일반적인 수준을 넘어서는 급격한 돈의 양 증가는 심각한 물가 급등으로 이어집니다.

남아메리카에 베네수엘라라는 나라가 있어요. 2010년대 초반까지만 해도 베네수엘라는 잘사는 나라였습니다. 전 세계에서 석유 매장량이 가장 많아 석유만 팔아도 나라를 운영하는 데 충분한 돈이 생겼고 그 돈을 국민 전체가 나눠 가지면서 풍족하게 살았죠. 많은 사람이 일을 안 하고도 잘 먹고 잘살 정도로요.

그런데 2015년 원유 가격이 급락하자 쓸 돈이 부족해졌습니다. 국민은 공짜 돈에 중독돼 있었고, 정부는 해외에서 돈을 빌렸어요. 그것도 모자라 돈을 엄청나게 찍어 내기 시작했죠.

그 결과, 전년 대비 물가 상승률이 2016년에는 274.4%, 2017년에는 862.6%, 2018년에는 13만 60%에 달할 정도로 하늘 높은 줄 모르고 치솟았어요. 베네수엘라의 화폐 볼리바르는 가치를 상실해 휴지 조각이 된 거죠. 당시 공중화장실에는 "(휴지 대신) 지폐를 쓰지 마세요"라는 문구가 붙었을 정도였다고 하네요.

최근 전 세계적인 물가 상승에는 전쟁 등으로 인한 공급망 문

베네수엘라, 물가 상승률 130060%… "IMF 예측보다는 낮아", 《중앙일보》, 2019. 05. 29.

제를 비롯해 다양한 원인이 작용했어요. 2020년 초부터 세계 각국에서 시행한 코로나19 지원금 정책을 비롯한 돈 풀기도 큰 원인 중 하나입니다. 돈이 많이 풀려서 물가가 급등하면, 나라에서 시중에 돌아다니는 돈의 양을 줄여서 조절해야 해요.

시중의 돈을 줄이는 정책 중 하나가 바로 기준금리 인상입니다. 기준금리를 인상하면 시장금리도 따라 오르거든요. 예금금리가 오르면 소비로 돈을 쓰기보다는 이자의 이익을 얻으려고 예금을 더 하게 되겠죠? 대출금리가 오르면 돈을 빌리는 부담이 커지니까 투자가 줄어들 테고요. 결과적으로 유통되는 돈의 양이 줄어들고, 소비와 투자가 줄면서 물가가 잡히는 거예요.

미국은 2022년 6월 전년 동월 대비 소비자물가 상승률이

9.1%[1]였으나 기준금리를 급격히 올리면서 1년 만에 3%[2]대로 낮아졌어요. 우리나라도 2022년 전년 대비 소비자물가 상승률이 5.1%였는데, 기준금리를 높이면서 2023년에는 3.6%로 낮아졌습니다.[3]

Q4. 금리랑 환율은 어떤 관계죠?

환율은 두 화폐 간의 교환 비율을 말해요. 미국 화폐 1달러와 한국 원화 1,300원을 바꾼다고 가정해 봐요. 이때 달러에 대한 원화 환율은 1:1,300인 거예요. 1달러를 1,300원 주고 사는 셈이죠. 따라서 환율은 외국 화폐의 가격이라고 볼 수 있어요. 어떤 상품의 가격은 그 상품을 사고자 하는 쪽인 수요와 팔고자 하는 쪽인 공급에 의해 결정되잖아요? 환율도 마찬가지예요.

달러를 사려고 하는 사람이 많아지면 달러에 대한 환율이 올라갑니다. 대미 환율이 높아졌다는 건 달러 가치가 높아졌다는

[1] https://www.bls.gov/news.release/archives/cpi_07132022.pdf p.17

[2] https://www.bls.gov/news.release/archives/cpi_07122023.pdf p.30

[3] 지표누리 국가발전지표(https://www.index.go.kr/unity/potal/indicator/IndexInfo.do?cdNo=2&clasCd=2&idxCd=4226&upCd=4)

의미죠. 상대적으로 원화 가치는 낮아진 거고요. 반대로 달러를 사려는 사람이 적어지거나 미국으로 수출을 많이 해서 달러가 우리나라에 많이 들어오면 환율은 내려갈 테고요.

그런데 금리가 환율에도 영향을 줍니다. 미국은 2022년 3월 기존 0.25%였던 기준금리를 0.5%로 인상하기 시작해, 2023년 7월 5.5%까지 무려 5.25%p를 올린 후 2024년 8월까지 유지했어요. 이후 2024년 9월 0.5%p 인하, 2024년 11월 0.25%p 인하했죠. 미국이 기준금리를 올리면서 대미 환율이 가파르게 올랐어요. 2022년 초 1달러에 1,100원대였던 환율이 2022년 10월에는 1,400원대까지 올랐죠.

대체 미국 금리가 높아진 것과 환율은 무슨 관계가 있는 걸까요? 전 세계의 자본, 그러니까 돈은 국경을 넘어 이동해요. 미국이 기준금리를 높이면 예금금리도 따라 오릅니다. 우리나라에 예금하면 연 3%의 이자를 주는데, 미국에 예금하면 연 5% 이자를 준다고 해 봐요. 그러면 미국에 예금하고 싶겠죠? 달러를 사서 미국에 예금하거나 투자하는 사람들이 많아지고, 결과적으로 달러에 대한 수요가 늘어나니 환율이 오르는 거죠.

자본이 자유롭게 이동하다 보니 금융시장은 이렇게 복잡하게 얽혀 있어요. 전 세계 사람들이 미국의 중앙은행 역할을 하는 연방준비제도의 기준금리 결정에 관심을 쏟는 이유예요. 우리나라 기준금리에 비해 미국 기준금리가 많이 높다면, 자본이 미국으로 많이 빠져나갈 가능성이 있어요. 그래서 미국이 기준금리를 높이면 한국은행도 기준금리를 높이는 결정을 하게 되는 거예요.

시장금리를 대표하는 것 중의 하나가 국채금리예요. 국채는 나라에서 발행한 채권을 말합니다. 채권이 돈을 빌린다는 증서라는 건 이야기했었죠? 이 증서를 발행할 때 돈을 갚을 날짜인 상환일과 얼마의 이자를 주는지도 정해 둡니다.

기업이나 국가처럼 채권을 발행한 주체가 부도를 내지 않는 이상, 돈을 갚을 날짜가 되면 약속한 원금에 이자를 더해 채권을 산 사람에게 돌려주는 거죠. 일반적인 차용증서와 비슷하죠? 차용증서와 다른 점은 상환일 전에 채권 자체를 사고팔 수 있다는 점입니다.

미국의 실리콘밸리은행은 2023년 초 뱅크런 때문에 파산했는데요. 그 중심에는 국채 투자에 의한 손실이 있었습니다. 실리콘밸리은행이 미국 국채를 많이 샀는데, 그로 인해 큰 손실을 봤다는 소문이 돌면서 뱅크런이 발생했거든요.

미국 국채를 많이 산 게 위험한 일이었을까요? 미국이 부도가 나지 않는 이상 상환일까지 기다리면 무조건 원금과 이자를 보장받으니 위험해 보이진 않는데 말이에요. 문제는 만기가 긴 채권을 샀다는 데 있었어요. 실리콘밸리은행이 돈을 돌려받을 날짜인 상환일까지 기간이 많이 남아 있었던 거죠.

무슨 이유였는지는 모르지만, 실리콘밸리은행에 예금한 여러 기업이 예금액을 인출하는 일이 생겼습니다. 실리콘밸리은행은 고객들의 예금 인출 요구에 응하기 위해 당장 자금을 마련해야 했기에 사 뒀던 미국 국채를 팔아야 했어요. 이때 큰 손실이 발생했습니다. 국채는 상환일까지 기다린다면 원금과 이자를 100% 돌려받을 수 있는 안전한 자산이지만, 중도에 팔면 손실을 볼 가능성이 있거든요.

채권금리가 오르면 채권 가격이 떨어지는데, 당시 미국 상황이 그랬어요. 2022년 초 0.25%에 머물던 기준금리가 2023년 초 당시 5%까지 오른 상태였습니다. 채권금리가 오르면 채권 가격이 떨어지는 이유를 예를 들어 설명해 볼게요.

2024년 3월 30일 당일 발행한 채권을 100만 원을 주고 샀는데 당시 채권금리가 연 5%고 상환일은 1년 후라고 가정해 봐요. 그럼 2025년 3월 30일이 되면 105만 원(원금 100만 원+이자 5만 원)

을 돌려받을 수 있습니다. 그런데 2024년 9월 30일에 급하게 돈이 필요해서 채권을 팔고자 해요. 채권금리가 5% 그대로라면, 102만 5,000원에 팔 수 있을 거예요. 1년 이자가 5만 원이니 6개월 이자는 2만 5,000원이 되는 거죠.

만약 위와 같이 6개월이 지난 시점에 채권을 팔려고 하는데 채권금리가 10%로 인상됐다고 해 볼게요. 이때 새로 발행된 만기 1년짜리 채권을 100만 원 주고 사는 사람은 1년 후에 110만 원을 돌려받을 수 있을 거예요. 1년 동안 10만 원의 이자를 받을 수 있으니까요. 그러니 상환일까지 6개월이 남은 채권은 5만 원의 이자는 받을 수 있게 해 줘야 사겠지요.

팔고자 하는 채권은 무조건 6개월 후 105만 원을 돌려받을 수 있게 되어 있으므로, 100만 원에 팔 수 있을 거예요. 채권금리가 5% 그대로였다면 102만 5,000원에 팔 수 있었는데, 채권금리가 10%로 오르면서 100만 원에 팔아야 하니 가격이 떨어진 셈인 거죠.

상환일까지 남은 기간이 길고 금액이 많을수록 채권의 가격 변동 폭도 커져요. 실리콘밸리은행의 경우 중도에 판 국채의 만기가 길었고 금액도 컸기에 18억 달러 규모의 큰 손실을 봤다고 합니다. 이렇게 손실을 봤다는 소식이 알려지자 은행과 거래해 온 기업들은 불안해졌고, 예금을 더 많이 인출했죠. 주 고객이

지금 채권 금리가 연 5%니까 1년 뒤엔 105만 원이 되겠다!
방금 산 따끈따끈 채권 100만 원

6개월 후
6개월 전에 산 채권 100만 원
갑자기 돈이 필요하네….
지금 팔면 2만 5,000원은 붙여서 받을 수 있겠지 뭐.

채권 금리 10%로 상승
만기 시 105만 원 될 채권
만기 시 110만 원 될 채권
아니, 채권 금리가 10%로 올랐다고?? 그럼 내 채권은 가치가 떨어지잖아!

이렇게 되면 가격을 내려서 팔 수밖에…
채권 가격 하락

기업이다 보니 예금자 보호 한도인 25만 달러를 넘는 예금이 대부분이었기에 너도나도 빨리 돈을 빼고자 했어요.

예전에는 은행에 가서 예금 인출을 했지만, 요즘은 모바일이나 인터넷 뱅킹을 많이 이용하잖아요. 그러다 보니 더 빠르게 대규모 예금 인출 사태가 일어나면서 48시간 만에 파산되었다고 해요. 금리 상승기엔 채권 투자, 특히 만기가 긴 채권 투자를 경계해야겠죠?

Q6. 금리가 부동산 가격에도 영향을 주나요?

금리 상승기에는 월세를 받는 부동산도 큰 타격을 받아요. 여러분이 1억 원짜리 오피스텔을 가지고 있다고 해 봐요. 2년 동안 매월 70만 원씩 받기로 세입자와 월세 계약을 했습니다. 1억 원짜리 오피스텔 월세가 70만 원이면 월세를 많이 받는 걸까요? 은행 예금금리가 얼마인지에 따라 다릅니다.

계약한 시점의 예금금리가 1%라고 해 볼게요. 오피스텔을 팔아서 1억 원을 은행에 넣어 두면 이자를 연간 100만 원밖에 받지 못해요. 월세 70만 원을 받으면 1년간 840만 원의 수익이 발생합니다.

그런데 갑자기 예금금리가 10%가 되었다고 해 봐요. 1억 원을 1년간 예금해 두면 연 1,000만 원의 이자를 받을 수 있습니다. 매월 월세 70만 원을 받는 것보다 오피스텔을 판 돈을 예금하는 게 낫겠죠. 이 경우 월세를 받는 부동산으로 금전적 이득을 보기 어려우니까요.

보통 월세는 고정돼 있는데 비교 대상인 은행의 예금금리가 낮아지면 상대적으로 월세 수익이 높아집니다. 반대로 금리가 높아지는 시기에는 은행 예금이 상대적으로 더 주목을 받습니다. 항상 그런 건 아니지만, 금리 상승기에는 월세 받는 부동산의 인기가 떨어지면서 가격이 낮아지는 경우가 많답니다.

제가 학교에서 학생들에게 '경제' 하면 뭐가 떠오르냐고 물으면 가장 많은 대답이 '돈', '주식'입니다. 주식이 뭐냐고 하면, '도박 같은 것', '수익률이 높은 것', '내가 사면 떨어지고, 내가 팔면 오르는 것' 등등의 답변이 나와요. 주식이 투기의 수단으로 여겨지는 경우가 많아 안타깝습니다.

기업에서 돈이 필요할 때 채권을 발행하든 은행에서 대출을 받든 기업 입장에서는 돈을 빌리는 겁니다. 돈을 빌리면 이자 비용이 발생하죠. 이자를 안 내면서 돈을 마련하는 방법이 뭐가 있을까요? 동업할 사람을 찾는 겁니다.

'레벨 8'에서 이야기했던 거 기억나죠? 주식은 회사의 소유권을 조각 내 파는 거라는 이야기 말이에요. 총 100주의 주식을 발행한 회사 주식을 10주 가지고 있는 사람은 그 회사의 10% 소유권을 가진 주인인 셈이죠. 회사 경영에서 10%만큼의 의사 결정권을 행사할 수 있고요. 회사에서 수익을 내면 그 수익을 주식을 보유한 비중에 따라 나눠 갖는데, 이를 배당금이라고 합니다.

주식을 《이솝 우화》에 나오는 황금알을 낳는 거위에 비유해 볼게요. 매년 1만 원짜리 황금알을 하나씩 낳는 거위가 있습니다. 이 거위 가격으로는 얼마가 적정할까요?

앞으로 거위가 얼마나 더 살 수 있는지에 따라 달라질 거예요. 12년 정도 더 산다고 가정해 보기로 해요. 현재 10만 원 정도 가격이면 괜찮아 보입니다. 10만 원 주고 사서 12년간 1년에 1만 원을 벌 수 있으니까요. 투자한 돈에 대해 1년간 벌게 되는 돈의 비율을 '기대 수익률'이라고 해요. 10만 원 투자해서 1년에 1만 원을 버니까 기대 수익률은 10%가 됩니다.

거위를 주식이라고 해 보죠. 주식의 기대 수익률 10%가 높은 걸까요? 현재 예금금리가 얼마인지에 따라 달라질 거예요. 만약 예금금리가 연 1%라면, 은행에 10만 원을 넣어 두면 1년에 1,000원의 이자를 받습니다. 기대 수익률 10%인 주식이 엄청 매력적으로 보입니다. 그런데 예금금리가 연 10%라면 어떨까요? 아무런 위험 없이 10%의 이자를 받는 게 더 좋아 보여요. 주식은 아무래도 위험이 따르니까요.

이처럼 금리 상승기에는 주식의 상대적인 매력이 떨어져서 주식가격도 내려가는 경우가 많아집니다. 물론 언제나 그런 건 아니에요. 경제 상황이 무척 좋아서 성장률이 부쩍 높아지는 경우, 주식의 기대 수익률이 더 커질 수 있거든요. 이런 때는 금리가 높아져도 주식가격이 오를 수 있습니다. 성장세는 약한데 금리가 높아진 상황이라면 주식가격이 내려가는 경우가 많고요.

기업이 추구하는 가치와 비전을 보고 함께 성장하고자 하는 마음으로 투자했다면, 설령 단기간에 성과가 좋지 않아도 실망하지 않았으면 해요. 내가 주인이란 마음으로 회사가 잘되려면 어떻게 해야 할지 의견도 내고, 여러 지표를 참고해 지켜보면서요. 황금알을 낳는 거위라도 참고 기다려야 황금을 얻을 수 있지 않을까요?

금리가 다양한 자산 가격에
어떤 영향을 주는지 알았다면?
오늘의 미션 완료!
축하합니다.

10대가 가장 궁금해하는 돈에 관한 질문들

START

SUCCESS

머니 챌린지 마지막 단계에 오신 것을 축하합니다.

청소년들이 돈에 관해 가장 궁금해하는 질문에 답하는 시간을 마련했어요. 끝까지 읽고 도장 열 개를 다 채운 카드를 보며 뿌듯함도 챙겨 가세요! 😊

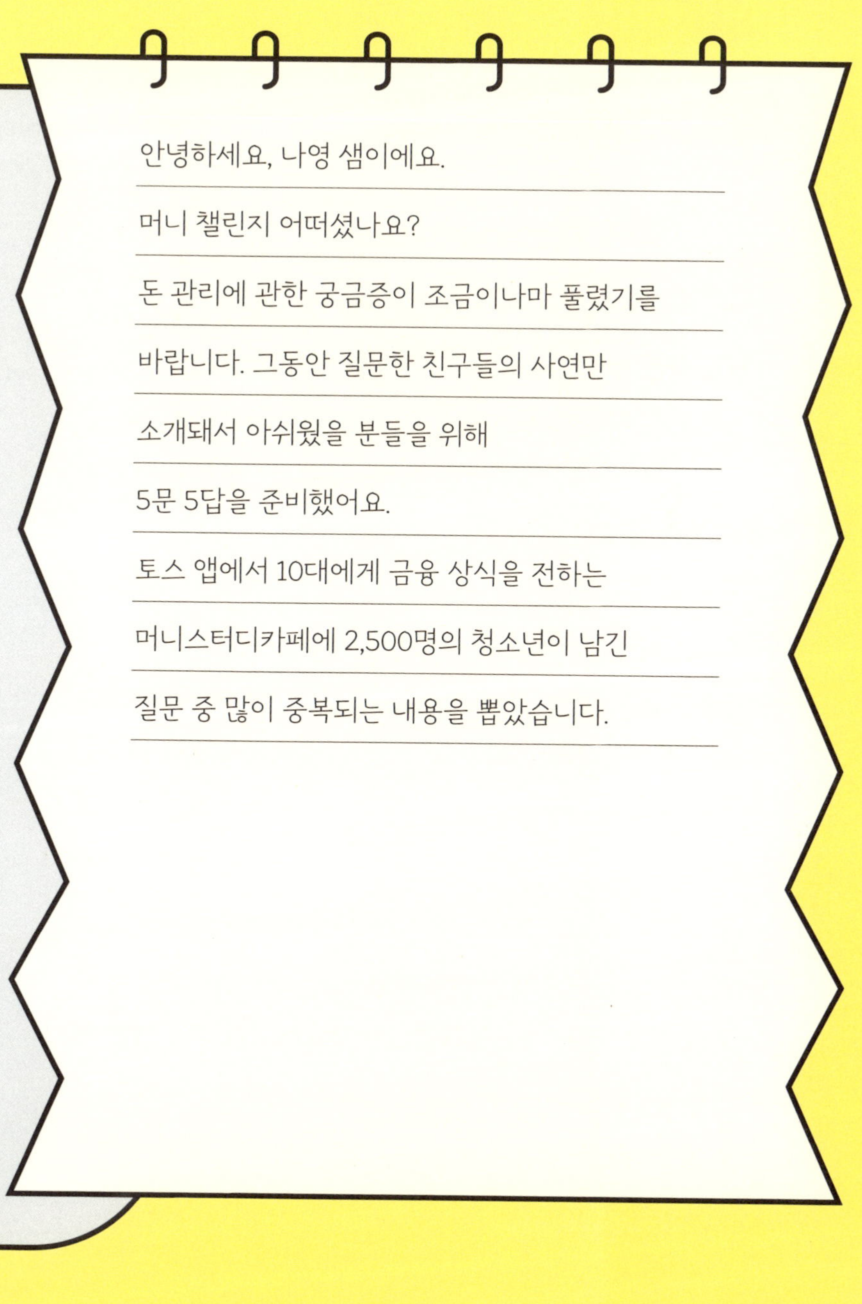

안녕하세요, 나영 샘이에요.

머니 챌린지 어떠셨나요?

돈 관리에 관한 궁금증이 조금이나마 풀렸기를

바랍니다. 그동안 질문한 친구들의 사연만

소개돼서 아쉬웠을 분들을 위해

5문 5답을 준비했어요.

토스 앱에서 10대에게 금융 상식을 전하는

머니스터디카페에 2,500명의 청소년이 남긴

질문 중 많이 중복되는 내용을 뽑았습니다.

청소년에게는 왜 이렇게 제한이 많냐는 질문이 가장 많았는데요.

"왜 우리가 가입하기 좋은 적금은 별로 없나요?", "왜 만 14세 미만일 때는 보호자 동의가 필요한가요?", "왜 체크카드만 발급되고 신용카드는 못 만드나요?", "내가 카드를 썼는데 왜 부모님한테 알림이 가죠?", "청소년은 왜 매일 3만 원, 매월 30만 원밖에 결제가 안 되나요?" 등의 이야기를 접하며 여러분의 답답함을 느낄 수 있었어요.

요즘은 청소년도 예금·적금 통장을 개설할 뿐 아니라 주식을 거래하는 계좌도 만들 수 있어요. 단 법적 보호자의 동의가 필요한데, 금융 생활에서는 특히 이 절차가 중요해요. 아직 본격적으로 돈을 벌기 시작하지도 않았는데 돈 문제가 발생하면 큰일이니까요.

여러분은 스스로 판단 능력이 충분하다고 생각해서 억울하다고 느낄 수도 있어요. 하지만 시험 보기 전에 연습 문제도 풀고 모의고사도 보는 것처럼 누군가의 보호 아래서 금융 생활 연습부터 시작한다고 생각하면 납득이 되죠? 결제 한도나 이체 한도가 높아서 내가 미처 위험을 감지하지 못한 채 큰돈이 나가는 상황이 된다면 혼자 해결할 수 없으니까요.

신용카드의 경우도 마찬가지인데요. 체크카드와 달리 신용카드는 결제했을 때 내 통장에서 바로 돈이 빠져나가지 않잖아요. 신용카드 회사가 대신 돈을 내줬다가, 한 달 치 결제 내역을 모아서 다음 달에 한꺼번에 내 통장에서 가져가죠.

신용카드 회사는 돈을 빌려줘야 하니까 그동안 금융 생활을 성실하게 했는지 확인한 뒤에 카드를 발급해 줄 수 있습니다. 청소년 대부분은 정기적인 소득이 없고 금융 생활을 해 온 내역이 없기 때문에 발급이 안 되는 거고요. 성인이라도 이런 경우에는 신용카드 발급이 어렵답니다. 억울함이 조금 풀렸나요?

여러 청소년이 비싼 걸 사거나 하루에 지출이 많으면 부모님이 통제한다는 이야기를 전해 왔어요. "엄마는 비싼 거 잘 사던데요"라는 푸념과 함께요. "내가 번 돈이 아니라서 뭐라고 하시는 거다", "내가 벌면 마음껏 써도 될 것이다" 같은 소비에 대한 오해도 풀 겸 이유를 같이 생각해 볼까요?

앞서 청소년은 아직 금융 생활 이력이 쌓이지 않았다고 했는데, 그 말에는 소비 경험 또한 충분치 않다는 뜻이 포함돼 있어요. 비싼 물건을 구매한 경험은 더더욱 적겠죠? 단순히 갖고 싶다는 마음으로 덜컥 큰 지출을 결정하면 우선순위가 낮은 것을 소비하게 될 수도 있고, 충동적인 결정으로 후회가 남을 수도 있어요.

그러니 더 경험이 많은 사람 입장에서는 여러분의 소비 생활이 걱정될 수밖에요. 꼭 필요한 지출이 있을 때 차근차근 돈을 모아 어떻게 쓸지 계획을 세워 상의하고 쓴다면 부모님의 걱정도 덜할 거예요.

Q3. 필요할 때마다 용돈을 받으면 안 되나요?

학교에서 만나는 청소년들에게 용돈을 어떻게 받고 있는지 물어보면 대부분 매주 월요일이나 매월 1일에 받는다고 답해요. 간혹 정기적으로 용돈을 받지 않고 필요하면 그때그때 받는다는 학생들도 있고요.

그런데 앞으로 경제생활을 잘해 나가려면 용돈은 꼭 정기적으로 받는 것을 추천해요. 필요할 때마다 돈을 받아 쓰면 평소 얼마 정도가 필요하고, 실제로 얼마를 쓰고 있는지 파악하기 어렵거든요. 받는 금액이 적든 크든 정기적으로 필요한 돈, 그리고 쓰는 돈의 규모나 패턴 등을 알고 돈을 '제대로 쓰는' 감각을 익혀야 성인이 돼 돈을 벌 때도 계획적으로 돈을 관리하는 능력이 생겨요.

"경제적 차이는 왜 생기는 건가요?"라는 질문도 있었는데요. 자산이나 소득 수준을 결정하는 데는 여러 가지 요인이 작용합니다. 분명한 건 물려받은 재산이 많거나 고액 연봉을 받아도 돈의 흐름을 관리할 줄 모르면 잘 살아가기 어렵다는 거예요.

한두 달 안에 써야 하는 돈, 몇 년 안에 써야 하는 돈, 10년 이후에 쓸 수 있게 모을 돈을 가늠해 보세요. 그리고 그 돈을 모으려면 어떻게 해야 할지 계획을 세우고, 그에 맞춰 쓰는 돈을 조절하는 힘을 길러 보세요.

Q4. 청소년이 돈을 벌 수 있는 방법이 너무 없던데요?

언제나 가장 많이 듣는 말이에요. 돈이 더 필요한데 왜 청소년은 돈을 벌 방법이 제한적이냐는 것이죠. 여러 면의 '안전'을 위한 것이라는 이야기는 앞에서 했으니, 현재 상황에서 할 수 있는 것을 짧게 확인해 봐요.

토스에서 10대 2,500명을 대상으로 돈을 버는 방법을 조사한 결과에 따르면 벌써 진로를 정하고 반려동물 미용사로 일하거나, 웹소설 작가가 되거나, 베이커리 카페를 창업하는 등 본격적으로 일하는 청소년도 많았어요. 아직 직업으로 삼을 만큼 잘하는 일이나 하고 싶은 걸 발견하지 못했다면 잘 안 쓰는 물건을 중고 거래해 소소하게 용돈벌이를 하기도 하고, 알바를 구하기도 하죠.

만 15세 이상이면 편의점 등에서 알바를 할 수 있어요. 일을 시작할 때는 근로 계약서를 꼭 작성해야 한다는 사실, 기억하고 있죠? 더불어 부모님 등 법적 보호자의 동의서와 가족관계증명서를 제출하면 되고요. 만 18세가 넘은 청소년은 두 가지 서류 없이 근로 계약서만 작성하면 됩니다. 필요한 서류 양식은 고용노동부 홈페이지에서 내려받으세요.

"경제 상식은 어떻게 기를 수 있나요?", "읽어 볼만한 책이나 영상을 추천해 주세요"라는 질문과 요청도 많아요. 몇 가지 책과 다큐멘터리를 추천합니다.

① 《10대를 위한 머니 레슨》

샘 베크베신저 지음 | 오수원 옮김 | 현대지성 | 2023

'돈이란 무엇인가'부터 시작해 돈을 어떻게 벌고, 소비하고, 저축하고, 불릴 수 있는지 알려 주는 책이에요. 용돈을 받으면 어떻게 예산을 짜야 하는지, 청소년이 돈을 벌고자 할 때 어떤 점을 주의해야 하는지 등을 사례와 함께 알려 줍니다. 돈과 자산을 이해하고 투기가 아닌 현명하게 투자하는 방법, 안전하게 꾸준히 불려 나가는 방법을 역사적 데이터와 함께 제시해 줘요. 용돈을 현명하게 모으고 불려 가길 바라는 친구들에게 이 책을 읽어 보길 권합니다.

② 《경제수학, 위기의 편의점을 살려라!》

김나영 지음 | 생각학교 | 2024

여러분은 편의점을 자주 이용하죠? 이 책에서는 여러분 또래의 청소년 다섯 명이 편의점에 들러 간식을 사 먹고, 알바도 하고, 경영해 보는 기회를 얻으면서 곳곳에 숨은 경제와 경영 원리를 알아 가요. 왜 편의점에서 음료수가 가장 안쪽에 있는지, 우유가 사각기둥에 담겨 있는 이유가 무엇인지 등 평소 별생각 없이 지나쳤던 것들에 담긴 원리를 발견하게 될 거예요. 소설처럼 읽으면서 경제적 원리를 알 수 있는 책이랍니다.

③ '실험경제반 아이들' 시리즈

김나영 지음 | 리틀에이 | 2022

경제 원리 전반을 알고 싶으면 '실험경제반 아이들' 시리즈를
추천해요. 제가 오랜 기간 학교에서 경제 동아리를 운영하면서
실험과 게임을 통해 청소년들과 탐구해 온 경제 원리를 정리해
담았어요. 《최강의 실험경제반 아이들》에는 가격 결정과 변동,
돈 관리를 위한 금융 원리 등이 담겨 있습니다. 《세계시민이 된
실험경제반 아이들》은 돈이 늘어나면 물가가 오르는 현상, 지나
친 물가 상승을 조절하는 법, 무역 원리 등의 주제를 다루고 있
고요. 경제 원리가 형성된 과정을 실험으로 검증하는 실험경제
학의 내용을 교실에 적용해 이야기하고 있어 좀 더 넓은 눈으로
경제를 이해하고 예측하는 통찰력을 키워 주는 책으로, 중고등
학생에게 추천합니다.

④ 《투자하기 전 경제를 공부합니다》

루팔 파텔·잭 미닝 지음 | 이경식 옮김 | 윌북 | 2023

영국 중앙은행 이코노미스트들이 쓴 책인데요. 경제가 우리
일상생활에 어떻게 영향을 미치는지 친숙한 사례로 풀어내고
있어요. 우리나라의 새우깡처럼 오래된 영국 과자를 예로 들어
'프레도 가격은 왜 자꾸 오르는 걸까?' 같은 질문을 던지고, '왜

돈을 침대 밑에 숨기면 안 될까?', '그냥 돈을 더 찍어 내면 안 될까?' 등의 궁금증에 답하며 화폐와 정부, 은행의 상호작용을 이해할 수 있게 돕습니다. 저자들은 오랜 기간 중앙은행에서 일해 온 경험을 바탕으로 다양한 일화를 소개하며 중앙은행의 역할을 알려 줘요. 경제 흐름을 읽는 안목을 기를 수 있는 쉽고 재미있는 경제학 입문서로 고등학생에게 추천해요.

⑤ 다큐프라임 〈자본주의〉

EBS 1TV, 2012 | 다큐프라임 〈돈의 얼굴〉, EBS 1TV, 2024

EBS에서 방영된 〈자본주의〉는 우리 사회의 돈과 자본주의의 본질을 풀어낸 5부작 다큐멘터리예요. 이를 한 권으로 정리한 책,《EBS 다큐프라임 자본주의》도 있습니다. 미국 경제가 왜 우리 집에 영향을 미치는지, 물가는 왜 오르기만 하는지 등 여러분이 궁금해할 만한 돈에 관한 내용을 담고 있어요.

돈의 본질이 무엇인지, 금융 상품은 어떻게 만들어지는지, 금융 시스템은 어떻게 돌아가는지, 기업 마케팅과 소비는 어떻게 연결되는지 같은 유용한 개념도 알려 줍니다. 다큐멘터리를 찾아봐도 좋고, 책으로 봐도 좋아요. 2024년 EBS에서 방송된 6부작 다큐멘터리 〈돈의 얼굴〉도 추천합니다.

여러분, 그동안 고생 많았어요! 생활에 꼭 필요한 돈을 어떻게 벌고, 모으고, 불려 나갈 것인지 알아본 시간이 유용했기를 바랍니다. 세계적인 투자자 워런 버핏은 "가장 좋은 투자는 자신에 대한 투자(The best investment you can make is and an investment in yourself)"라고 말했어요. 새로운 걸 배우고 탐구하며 나 자신의 가치를 높일 때 더 많은 것을 얻게 된다는 것이죠. 앞으로 이어질 여러분의 탐구를 응원하며 머니 챌린지를 마칩니다.

LEVEL 12
Q&A

오늘부터 머니 챌린지!

1판 1쇄 발행일 2025년 6월 23일

지은이 김나영

발행인 김학원
발행처 (주)휴머니스트출판그룹
출판등록 제313-2007-000007호(2007년 1월 5일)
주소 (03991) 서울시 마포구 동교로23길 76(연남동)
전화 02-335-4422 **팩스** 02-334-3427
저자·독자 서비스 humanist@humanistbooks.com
홈페이지 www.humanistbooks.com
유튜브 youtube.com/user/humanistma
인스타그램 @gomgom_teens

편집주간 황서현 **편집** 김나윤 이영란 **디자인** 유주현 **일러스트** 박윤수
조판 홍영사 **용지** 화인페이퍼 **인쇄·제본** 정민문화사

ⓒ 김나영, 2025

ISBN 979-11-7087-351-8 43320